JN148884

キリスト道の精髄 1

生き方・聖書知恵編

中島 總一郎

いのちのことば社

まえがき

本著シリーズの標題を「キリスト道の精髄」としました。武道、芸道と言われるように、その学問や芸術・技術の活動領域には、そのことを行っていく上で、通っていくべきやり方や守っていくべき方法というものがあり、その底流には、奥義と言われるほどの精神が貫かれています。その領域の事柄に携わる人々が踏み従っていくべき筋道、これが「道」と言われるものです。

そのような意味で、キリスト教信仰を続けていく上でも、「道」があります。キリスト教を信じて生きていく人が、何をどのように信じるべきか、その信じたことによって、どのように行動し、言葉に出して表現し、日々と生涯をどのように生きていくべきか、その内実を示すものがキリスト道です。

そういうわけで、聖書では、キリスト教の信仰生活で守り従うべき姿勢や表出させる言動のあり方を、「道」という言葉を使って、多く表現しています。例えば、主イエス・キリストは、「わたしは道であり、真理であり、命である」（ヨハネ一四6）と言われましたし、旧約の詩篇では、「わたしはあなたを教え、あなたの行くべき道を示し」（詩篇三二8）と記述しています。パウロも最高価値の愛について教示するのに、その直前で「そこで、わたしは最もすぐれた道をあなたがたに示そう」（Ⅰコリント一二31）と前書きしてから陳述しています。

もう一方の「精髄」とは、物事の本質のことであり、その物事全体を形成する枝葉を切り落とした根幹となる中心的な事柄のことで、別表現では真髄とも言われます。その物事の最もすぐれた部分のことです。

したがって、「キリスト道の精髄」とは、「キリスト者として生きていく人が、人生で踏み歩んで行くべき、キリスト教の本質的部分」ということです。本著シリーズの一冊目である「生き方・聖書知恵編」では、聖書の知恵が示す生き方の精髄をまとめてみました。二冊目は「真実探求編」、三冊目は「活動・試練・聖化編」を予定しています。

叙述文の形式は、できるだけ精髄について端的に表記するために、散文論述形式を採らず、要点だけの短文にしました。この短文を補足するために、関連内容が既刊拙著にある場合は、そこから引用要約して、コラムとして追記表示しました。

聖書は日本聖書協会の口語訳を基本としましたが、他の訳のものはそれを明記して、御言葉に使用しました。

目次

第2部 聖書による知恵

第1部

聖書的生き方

第1章 神との交流生活

序　霊での交流からの確信

私は、少年期・青年期に、経済的貧窮にありながら、不動の信念なるものを渇望して、それを探し求めた。そのために、中・高時代は論語などの中国古典に親しんだり、倫理学に興味を持って、受験勉強の傍《かたわ》ら楽しんだ。大学へ入ってからも、電子工学や実験を中心とした科学や技術の学びに並行して、エマヌエル・カントの『道徳形而上学原論』をはじめとして、各種の人生論書を読みあさった。例えば、プラトンの『弁明』、『饗宴』、アリストテレスの『哲学のすすめ』、エピクロスの『主要教説』、キケロの『最高善と最大悪について』、マルクス・アウレリウスの『自省録』、アウグスティヌスの『恩寵《おんちょう》と自由意志』、パスカルの『パンセ』、フォイエル・バッハの『死と不死について』、シュヴァイツアーの『生への畏敬』、ヒルティの『眠られぬ夜のために』などである。

しかし、残念ながら、これらをいくら深く読んでも、私に不動の信念なるものを提示してくれるものはなく、むしろそれらから、聖書へと導かれた。

私は聖書を購入して読み進むうちに、ある日の夕刻、大学卒業を前にした一九六五年十一月二十日に、教会の小さな祈禱室で明確な啓示を受けた。すなわち、エペソ書一章3～5節の言葉が私への天からの声として、天井左上から響いてきた。それは、神の声を個人的に直接聞くという、私にとっての信仰原体験であった。

この時を境に、私の内側の精神の状態が全く変わった。喜びと確信が与えられるようになった。御言葉を通して、私の出生と使命が明確に示され、私がどんなにか神に愛されており、これから何に向かって生きていくべきかが鮮明に示された。

それまで読んできた聖書の文言は、私とは関係のない、断片的な叙述であり、理性をもって理解しようとしてもよく飲み込めず、秩序立てられていない事柄の羅列であった。しかし、この体験を境に、聖書の言葉が私個人への語りかけの言葉であるものと変わり、私への約束と戒めの言葉へと変わった。

聖書六十六巻の各書に連繫があり、時系列的に進展があって、創世記から黙示録に至るまで、全体的に統一されたものと受け取ることができるようになった。聖書に書かれている内容が、従来は矛盾と考えられていたことが、私にとって矛盾ではなくなり、飛躍が飛躍でなくなり、不可能なことが可能なこととなった。

このことを、後になって学んだ知識から言うならば、私が霊によって神と交流する者となり、聖霊による照明が私に起こって、聖書の記述内容が打ち開かれるようになったためであると知った。「み言葉が開けると光を放って、無学な者に知恵を与えます」（詩篇一一九130）とあるが、これが私の霊の内に起こったのであった。

神との結び付きが私の不動の確信を形成し、それ以来、神の知恵に導かれた私の思考と日々の生活が、あれから半世紀以上を超えて、今なお、私の人生を幸いへと良導している。

1　神との交わりを持つ

◆神との結び付きで人となる

・「人は、神から離れ、独立して自由になり、はじめて人となる」と誤解しやすい。しかし、向かうべき方向は逆である。もうすでに人は神から離れてしまっている。遙《はる》か遠くへ離れて来てしまっている。だから今度はむしろ近付いて行って、神との関係を結び直さねばならない。そして神と親密に交流するようになるべきである。そうするならば人は、人としての真の姿を取り戻すことができるようになる。〔コラム1〕

・何かにつけて動揺してしまうような信仰にしないようにするためには、どうしたらよいのであろうか。それには自分の信仰を、知識に基づいたところのものにしないことである。自分の個人的体験に基づいたものにしておくことである。そうするならば、少々の難事難題のことで、ぐらつくようなことはなくなる。その個人的体験も、自分と神との一対一の全人格的な固い結び付きのある信仰にしておくことである。そうするならば、より堅固な信仰となる。

〔コラム1〕

◆神にあって人となる

人は一般に、神から離れ自由に独立した歩みができるようになって、初めて個を確立し、人間のあるべき姿になれると考える。果たしてそうであろうか。

人はこの思いに漬《つか》ることによって罪を犯した。人は、決して、神を捨てることによって神のようになるのではない。反対に、神にあずかることによって神に似た者にされるのである。人は、神を自分の内から閉め出し、除外し、独立することによって、人になるのではない。神に迎え入れられ、自分を神に没入し、神の前を歩むことによって、人となるのである。

神が自分にとって、全ての事に関し全てとなるときに、人は神によって満たされた者とされ、本来の人間に戻る。〔『死と神の国』一二二頁〕

・信仰ゆえの投獄や殉教、これに似たことは現代でも起こり得る。これらを甘受して耐える者には、これらの艱難の到来は決して敗北を意味しない。むしろ勝利である。なぜなら堅く信じることのゆえに、敢《あ》えて世に反抗はしないでこれを甘受し、自らの身体と生命を懸けてまでして証詞し、神の愛と聖と義を人々に高らかに明示することは、己をして神の栄光を現すことになるからである。

◆自分自身を大切にする

・神が人に強く望まれることは、その人が、世の中の何かに関してナンバーワンになることではない。唯一無二の人格であるオンリーワンとして、神の前に立つことである。

誰かと比較してナンバーワンとなって、何かが優れてできるとか、称賛されるほどの功績を打ち立てていることは、確かにすばらしいことである。神も喜ばれるに違いない。だが、神が私たちにさらに強く望まれることは別のところにある。すなわち、神ご自身が意を込めて創造された神の像《かたち》を、私たち各自が再び私たちの内に現すようになることである。その取り戻した姿のオンリーワンの人格として、神との堅い愛の結び付きを保ちつつ、凛として神の前を歩み続けることである。〔コラム２〕

・私は誰の何とも比較しない。なぜなら私は私だからである。私は誰かとの比較によって私に価値があるのではない。私が人として造られ、私が私として持つ唯一の人格に価値がある。もし何かと比較しなければならないならば、私は聖と義と愛の主イエス・キリストと比較する。その比較は、私の人格を高貴なものへと高めてくださるからである。

〔コラム2〕

◆オンリーワンとして御前に出る

神の前にあっては、人はナンバーワンになることを望まれていない。オンリーワンになることを望まれている。すなわち、何事かを成して、その業績がナンバーワンになったことを持ち出して、神の御前に出て行っても、そのナンバーワンであることを神は評価されない。

活動の結果がナンバーワンになり、神によってそうさせていただいたと神に栄光を帰し、「私はふつつかな僕《しもべ》です。させていただいて感謝します」（ルカ一七10参照）と御前に出て行くのであれば、その業績は受け入れられるかもしれない。しかし、自分の努力や実績を示して、神に受け入れてくれと迫っても、それはパリサイ人と同じ態度であって、神からは拒絶される。

神は、その人をナンバーワンとしてではなく、オンリーワンとして取り扱おうとされている。すなわち、人と比べた評価によってではなく、神の像《かたち》に造られた唯一無二の人格を持ったその人個人として、受け入れようとされている。それゆえに、人の側も行いや業績をもってしてではなく、尊重してくださる自分の人格をもって、オンリーワンとして真摯な態度で、神の御前に出て行くのでなければならない。

信仰には業績は要《い》らない。誇るべき何ものも要らない。ナンバーワンである必要は全くない。求められるのは、神の御前にあって、高潔、忠実、謙遜な品性を備えた人格としてのオンリーワンである。〔『クリスチャン人生　瞑想録』八七～八八頁〕

◆主に結び付いて幸いを得る

・「人生は空しい。空《くう》の空である」（伝道一２参照）と昔の賢者は言う。だが、この世で空とは無縁で、心の底から十分に満たすものがある。魂の渇きを止《と》めて、平安の中に浸すものがある。それは、神にどんなに自分が愛されているかを深感し、神の声を常に聞き、それに従って思考し、行動する生活である。神の愛の唯中《ただなか》で敬虔に日々を過ごすということほどに、この人生で幸福を与える生き方はない。

・信仰篤き者は、周囲の人々が自分を理解してくれないことを憂えない。むしろ、主が自分を知ってくださらないことのほうを恐れる。

・私が主を知っていることよりも、主が私を知っていてくださることのほうが、幾倍も喜びであり幸いである（Ｉコリント八３参照）。

・もし、「あなたが自分のものにしたいと、一番望むものは何ですか」、と隣人から問われるならば、あなたは何と答えるであろうか。「神との深い交わりである」と答える人は、そう多くはないであろう。しかし、神との深い交わりに入ることは、最も望むべきことである。なぜなら、これほどに心を安らかに豊かにして、自分を平安の中に導き入れてくれるものはないからである。神との交わりによる恍惚なほどの平安に入れられることは、極上の幸いであり、この地上での天国の先取りに匹敵する。

・人生で常人を超えた経験をし、多種多様の体験をした古《いにしえ》の人が、次のように言う、「わたしは貧に処する道を知っており、富におる道も知っている。わたしは、飽くことにも飢えることにも、富むことにも乏しいことにも、ありとあらゆる境遇に処する秘けつを心得ている」（ピリピ四12、パウロ）。

このように貧しさにも富むことにも処する者に、どのようにしたらなれるのかの方法を、修養と体験によって身に付け、望むような人物にまで自分を仕上げる者が行く道がある。それは貧でも富でもない、第三の道である。それは「神の近くにあること」である。

その第三の道は、それを選び採る者に、最も豊かな生涯を約束する。そして、貧にある時よりも富にある時よりも、もっと格段に平安で豊かな充足を注ぎ与える。

◆神を畏れることを欠かさない

・世には、学ぶべきまた修練すべきことが山ほどある。その全部を知り、全部を一生の間に身に付けることはできないし、その必要もない。しかし、その山ほどあるなかで、これだけは欠いてはならないと言われるものがあり、これは決して逃がしてはならない知恵がある。それは、「神を畏れる」ことである（箴言一7、伝道一二13参照）。〔コラム3〕

・人の目に多くの場面を曝《さら》すことを職業としている人々がいる。そのような人々が最も恐れることは、世の人が自分をどのように評価しているかである。世の人々は自分をどのように見て評定しているかが、生活の生命線となっている。自分の能力は認めてもらえているだろうか。羨望の目で見られるような業績を上げているだろうか。それとは全く逆に、不評に巻き込まれ、軽蔑でもされることにはなっていないだろうか。
彼らが低評価でもされようものなら、気に病むようになり、不快に陥り、彼らは心に深い傷を受けて落胆し、時には生きる希望さえ失うようになる。

だが、聖書では、本来恐れなければならないものは何であるかを教えている。本当に恐るべきは何であるかを教示している。すなわち、「からだを殺しても、魂を殺すことのできない者ども（人間）を恐れるな。むしろ、からだも魂も地獄で滅ぼす力のあるかた（神）を恐れなさい」（マタイ一〇28）と。

・人生において本来恐れるべきものは、人の目や人々からの評価ではない。神からの評価である。天の父が、自分をどのように評価しておられるかである。人々からの評価がどんなに高く好評であっても、神から地獄へ落とされて、そこで永遠に極苦を受けて滅ぼされることだって有り得る。世の人々がどれだけ高く評定しようとも、その評価を全く気にせずに無視してしまっても、何ら問題はない。それよりも、神からの評

〔コラム３〕

◆本来知るべきこと

この世で学んだ知識のすべてが価値あるものとは限らない。同じ学ぶなら、価値ある知識や知恵を学び取りたい。価値ある知識とは、自分を生かし、他の人をも生かす知恵であろう。社会を健全にし、市民生活を正しく建て上げ、人々に豊かさをもたらす知識であろう。さらに、真剣に学ぼうとするのであれば、真に価値があり、人として決して欠いてはならない、本物の知識や知恵を学び修めたいものである。

人として欠いてはならない本物の知識・知恵とは何か。それは神の知恵である。その神の知恵をいただく第一歩である真髄は、神を畏れることである。神を敬い神を畏れることを心底《しんそこ》知ることである。人にはこれが足りない。「主を恐れることは（すべての）知識のはじめである」（箴言一７）とある。知識の先《ま》ずはじめは、主を畏れることである。

人間が人間である以上、人間として決して欠いてはならない、人の本分としての本物の知恵を、この生きている間に学び取りたい。（『クリスチャン人生　瞑想録』八五〜八六頁）

価に精神を傾けて注視し、神から高評価を得られるようになることのほうが、よほど重要である。

◆全能の神を全能と信じる

・信仰を持つことはすばらしい。しかし、その信仰も、信じる神をどのようなお方として把握しているかによって、いただく祝福は大いに異なる。天の父は言われる、「わたしは全能の神である」（創世一七1）と。こう言われる神の全能を、私たちはどこまで本気で信じているだろうか。全能を本当に全能として信じているだろうか。その全能を頼り、その全能に命懸けで委ねているだろうか。人は自分が有限であるがために、その有限によって、自分勝手に神の無限に枠をはめやすい。自分の有限によって神がしてくださることに限度を設けてしまう。これでは神は全能者として働いてくださらない。パウロは言う、「主にあって、その（神の）大能の力によって強められなさい」（エペソ六10、新改訳2017）。

全能である神に全能者として働いていただくためには、全能である神を、文字どおり全能の神として信じる信仰が前提条件となる。

・天地を創造し統率し得る神だけが真の神である。それ以外の神は神とは言えない。全知全能である神だけが神なのであって、それ以外の神は、神とは認められない。キリスト者は、「我は天地の造り主、全能の父なる神を（のみ）信ず」（使徒信条）と常々告白し、神を畏敬する生活を続けていく。

2　主との結び付きで生きる

◆主を常に仰いで生きる

・私たちは、その人の生涯において、最高最大のものを得て楽しむようにと、各自に生が与えられている。自分にとってたった一つしかない生命、そして二度と与えられないこの地上の生命、この限られた生命を無駄な事柄に使って、無為無益な生涯としてしまったなら、労苦と努力を積んで生きている自分の人生に、どんな意味があると言えるだろうか。

とは言うものの、残念ながら多くの人々が、自らのたった一つしかない貴い生命を、無益なものに使っていると、父なる神は預言者を通して、次のように警告している。

「あなたがたは多くまいても、取入れは少なく、食べても、飽きることはない。飲んでも、満たされない。着ても、暖まらない。賃金を得ても、これを破れた袋に入れているようなものである。万軍の主はこう言われる、あなたがたは、自分のなすべきことを考えるがよい」（ハガイ一６～７）。

自分の身体に向かって精力を注いでも、決して暖まることはなく、満たされることもない。心が豊かに暖められ、満たされた生涯が送れることを約束してくださっている神を仰ぎつつ、生きていきたい。

・幸福の秘訣は、平安な時も困難な時も、また喜びの時も悲しみの時も、どんな場合にも主から目を離さないことである。主が自分の目の前から決して消えることなく、常に主を仰ぎ見詰めて、共に歩むことである（マタイ五８参照）。〔コラム４〕

・人生の大きな問題に対する最良の解答は、神を知解し神を理解することの中にあるのではない。神と出会い、その神の内に生きることの中にある。

・世の中が苦難と矛盾に満ち、人生のすべてが空しく感じるのは、なぜであろうか。それは日々の営みの中で、神なしの生活をしているからである。もし、喜びと望みに満ちた幸いな生活を獲得したいならば、神ありの生活をすることである。自分ひとりで、自分だけで生きるのではなく、すべてのことにおいて全能者の御心に委ね、神の配慮と恵みの中に生きる者にとっては、この世は決して冷たい暗闇ではなく、平安で豊かな天国の先取りの空間である。

◆神を愛することを第一にする

・健康な精神と肉体、そして生活を保障する働き甲斐のある職業、さらに良き伴侶と家庭、仲間とのよき人間関係、高くて豊かな教養、神の声が聞こえる聖霊の賜物、これらは神のそば近くにいて神に結び付いている者に、その信仰に添えて、神から与えられるものである。

〔コラム4〕

◆主を見ることができる幸い

自分の生活において、常に主を前に見て歩む者は、神とキリストからの憐み、慰め、導き、力を豊かに受けて、人生を歩むことができる。幸福の秘訣は、どんな場合にも主を見ていることである。主が目の前から消えず、常に主を見て共に歩むことである。

だからイエス・キリストは、山上の垂訓で最初にどんな人が幸いなのかを、次のように言われた、「心の清い人たちは、さいわいである、彼らは神を見るであろう」（マタイ五8）と。自分が幸いになるためにも、神を見ることのできる清い者になる必要がある。〔『キリスト教信仰の基礎知識』一一六頁〕

多くの人々は、これら右記の幸福の要素を追い求める。しかし、なかなか得られない。どうしてであろうか。それは、この人生において不可欠であるただ一つのこと、すなわち神のそば近くに居続けることをしていないからである。

・私たちは、世から苦難を受けると神を求めるようになる。だが平穏無事なときには求めない。このような傾向がある。こんな信仰姿勢を神は喜ばれるだろうか。天の父はいつも私たちを見守り、どんな時にも共におられ、あらゆる機会で私たちを最善に導いてくださる。そのような主だからこそ、私たちの平穏無事な時ほど、キリストにあって、天の父と親密に交わっていくことに力を注ぎたい。

・真のキリスト教信仰は、「神に」求めるのではなく、「神を」求める。なぜなら、すべてのことは神を求めた結果としてついてくるからである（マタイ六33参照）。〔コラム５〕

・「私の人生は充実した満たされた生涯であった」と、どんな場合に言えるであろうか。それは、生涯のどの年代を切り取ってみても、また人生の終局を間もなく迎えようとしている終末期にあったとしても、自分が常に神を誉め称えることができる状態が続いている場合であろう。〔コラム６〕

◆知らねばならないことを知る

・パウロが発した名言がある。すなわち、「もし人が、自分は何か知っていると思うなら、その人は、知らなければならないほどの事すら、まだ知っていない」（Ｉコリント八２）。この「人が知っている何か」とは、

〔コラム5〕

◆求めの「に」と「を」の大違い

キリスト教と他宗教の根本的な違いは、希求の対象にある。他宗教が追求するのは幸福そのものである。これに対し、キリスト教が追求するものは、神が内に備えておられる聖である。

だから、人間の不完全さの根本をどこに求めるかと言えば、他宗教では人間の能力の不足にあると考える。キリスト教では、人間が原罪を持って生まれてくるところに、この根源を求める。

キリスト教での幸福は、求めていく目的ではなく、求めたその結果であると考える。求める目的は神との正しい関係としての義であって、その義が確立されたときに、祝福として神から幸いを与えられると考える。だから、他宗教では多くのことを神「に」求めるが、キリスト教ではただ一つのこと、すなわち神そのもの「を」求める。求めが「神に」か「神を」かの違いである。

このように「に」と「を」の一字違いではあるが、その内容には格段に異なる大きな違いがある。（中略）

御言葉にも次のようにある。「まず神の国と神の義とを求めなさい。そうすれば、これらのものは、すべて添えて与えられる」（マタイ六33）。「あなたがたは、（神を）求めないから得られないのだ。求めて与えられないのは、……悪い求め方をするからだ」（ヤコブ四2、3）。（『クリスチャン人生　瞑想録』二三七〜二三九頁）

この地上に関係することであり、「知っていない、知らねばならない事」とは、天界のことである。

人はこの地上の多くのことを知り、知識を蓄え、博識であることを誇り、「私は知っている」と安心する。

だが本来知らねばならないことは、神の御心が何であるか、神の自分に対するご計画は何であるかであり、また神がお持ちの無限の知恵である。

利を求めるようなこの地上の知識によって生きることは、人間の本来の姿ではない。本来の人間のあるべき姿は、命を与える神の知識によって生きることである。

・「神の人」と呼ばれるほどの人物は、常に自分と問題との間に神を置く。それによって勝利を続けていく。しかし、エリヤほどの大預言者であったとしても、自分と神との間にイゼベル妃の断頭刃を置く者は、敗走しかなくなる（列王上一九3参照）。〔コラム７〕

〔コラム６〕

◆充実人生への感謝

私は少年時代に貧窮を経験し、青年時代において仕事上で能力を超えた冒険を許され、壮年時代に会社か教会かの厳しい選択を迫られる迫害に遭い、初老期に愛息を亡くす深い悲しみを体験させられた。そうではあっても、これらのすべてに感謝している。

幼年期から富裕な家庭に生まれていたならば、波風の少ない安穏な生活を送れたかもしれない。高校、大学期に親元を離れ、アルバイトをしながら自分で稼いで学びを続けなければならないことはなかったかもしれない。

しかし、自分の人生を振り返ってみて、生涯を通して貧窮と波乱の人生であったことを、心の底から喜んでいる。むしろ、人生の究極の場面や事件を多く経験させてもらえたことに感謝している。それは何故であろうか。老年期に入って、これまで常に私と共にあってくださった主を、感謝のうちに誉め称えることができるからである。

人生の終わりに、神を誉め称えることができなかったとしたら、どんな好条件の生涯であったとしても、「私の人生は満たされた充実した良き人生であった」とは言えないであろう。〔『快老をいく』一一～一二頁〕

◆主と共に歩んで豊かになる

・「悩んでいる者の日々はことごとくつらく、心の楽しい人は常に宴会をもつ」（箴言一五15）とある。このように、起こってくるすべてのことが辛く、悩む日々が長く続く者がいる。ところが他方においては、常に心に宴会のような楽しみをもって人生を過ごしていく者もいる。経済状態や環境条件にほとんど差がないのにである。

彼らの違いは何か、どこからそのような相違が出てくるのであろうか。それは、生活の姿勢で、「主と共に歩んでいるかいないか」という違いである。主と共に歩む者は、どんな環境や境遇にあろうとも、常に豊かで平安がある。しかし、自分ひとりでこの世を歩み続けなければならない者は、どんなに好条件を揃えていても、不安と欠乏を感じ、心の中は貧しい。

〔コラム7〕

◆エリヤ逃亡の原因

エリヤは、イゼベルの脅迫のひと声で恐れをなし、逃げ出し、失敗した。大預言者エリヤともあろう人が、なぜイゼベル程度の一言に負けたのか。彼は祈らなかったのである。イゼベルの脅しに対して、反撃体制を整えるために、神に祈ればよかった。しかし彼はそれをしなかった。

彼がこの時に祈ってさえいれば、かつて戦ってきた彼のように、「三年六か月雨を降らせなかったように、私の主は生きておられますぞ」とも言えただろうし、バアルの預言者八百五十人と対決した時のように、石も水も嘗め尽くすような烈火を呼ぶこともできたであろうに。

ところがエリヤは祈る前に、イゼベルの、処刑に狂い血を求める断頭の刃を見てしまった。エリヤともあろう人がいつものエリヤらしからぬ、自分と神との間にイゼベルの刃を置いてしまった。「神の人」の常道は、自分と問題との間に神を置くことである。これを忘れた彼は大失敗を犯してしまった。〔『天命に立つ』三九〇頁〕

・外面的に幸福であることは、どこまで行っても、内面が幸福であることまでは保証しない。しかし、内面の幸福をもたらすこと、すなわち神が共にいてくださる幸いは、外面が幸福であることさえも確約する（マタイ六33参照）。

・人生を大いに楽しむことと、欲することを気儘《きまま》に満たすこととは異なる。神が許容する範囲で欲望を満たすことは、一番低い生き方。だが、神が喜ばれる指針に従って人生に充実を加えることは、高い生き方と言える。また、人生を大いに楽しみたいと、ある人は神から遠く離れることで自由を得たと勘違いする。ところが別の人は、神と共に歩むことによって、真の自由を謳歌していると喜ぶ。

信仰は、自分がどこへ導かれるのか知らないが、それでも導く方に付いて行く。導く方を信頼し、愛しているから、行く先を知らなくても、安心して平安の内に従っていく（ヘブル一一8参照）。

3　神の祝福で恵まれる

◆この地上に天国を得る

・人の栄枯盛衰は歴史の習いである。だが世界の歴史上に一つだけ例外がある。決して崩れることのない、永遠の大帝国を築き上げて、今なお拡大を続けている事象がある。それを成させているのは、王イエス・キリストである。しかも彼は、帝国を築き上げるのに一振りの剣さえ用いず、使用したのは愛という無形の用具だけである。

人が統治する国家と、聖・義・愛を基準とする神の国が一致することは、ほとんど望み得ないことである。

だが教会が理想とする精神と国家の理念とが相歩み寄り、融合することが実現するならば、この世において、今以上に人類の幸福が出現することは間違いない。

・ゴルゴタの丘の十字架のイエスを間にしての二人の強盗それぞれは、その後の人類の様相を予表している。一方は罪人であっても、救いを受けてパラダイスへ受け入れられる人々、もう一方は、罪人が罪人のままに残されて、ハデス（黄泉）へ送られる人々の二様である。

この二人が全く違った結果を得ることになった分岐点は、どこにあったのか。間に置かれた身近の主イエスに対して、どのような態度を採ったかである。

・ナザレのイエスを念頭においてみよう。どこかのある町で一人の人が「私は神だ」と言い出したら、ほとんどの人々は、「気でも狂ったか。彼は誇大妄想狂だ」として、奇異な目で見て相手にせず、何か問題を起こさなければいいがとさえ警戒する。だが、本当に神だったら、どう対応すべきであろうか。先《ま》ずはよく聞いて、彼の言動を見極《みきわ》めることが必要であろう。神から目を逸《そ》らすことは、大損害を招くことになる。

誰も神を見た者はいない。だから、誰も神がどのようなお方なのかは正確には分からない。それだからこそ、神かもしれないその人の言葉と行動とをよく見詰めなければならない。そして神がどのようなお方なのかを知り、見分けねばならない。神の子を神の子であらずと見落とすことは、人生の生死を分ける致命傷となる。

◆神に問うて答えをいただく

・聖書を読む場合に、聖書からより多くの恵みを受け取るための重要な読み方がある。それは少年サムエルが神の呼びかけを聞いたときに、主に向かって応えた言葉と姿勢である。彼は言った、「僕《しもべ》きく語りたまへ」（サムエル上三10、文語訳）と。この態度と心構えが重要であることは、聖書を拝読する場合だけに限らない。礼拝においてメッセージを聴く時には特に大切な姿勢である。日常生活の中でも仕事中であっても、重要な心構えである。

「僕きく、主よ語りたまえ」の祈りをまず先にし、主の声を聞いてから行動しようとする。すると、本当に主の声が聞こえてくる。それだけでなく、当然自らの霊性と心の姿勢においても、神を身近に感じるようになり、心は引き締まり、真剣に取り組むようになる。

・信仰は一般の学問・学識とは異なる。問うて答えを得る順序と方向が異なる。一般学問は先に人生から出発して、その後に神が何であるかを結論づけようとする。ところが信仰は、神が何であるかを先に知って、その後《のち》に人生を歩み出す。信仰においては、神から人生が何であるかを開示していただいて、その後に人生を始める。

・私たちの人生において、最も確実で最善の道は、神の御意志と自分の意志とを一致させることである。自分の意志と違っている場合には、ためらうことなく、神の御意志のほうへ自分を合わせることである。そうするならば、決して失敗することはない。

・「神から啓示されたことへの人間の応答」が、信仰というものである。それゆえに、信仰的応答では、自分を除いた三人称では会話は成り立たない。その応答が哲学や宗教学であるならば、三人称でも語り得る。しかし、いざそれが信仰となると、その応答は「あなた」としての二人称か「私」としての一人称でのみ、言葉を交《か》わすことができるようになる。信仰は概念や論理ではなく、我と汝の人格的な交わりだからである。

◆キリストの内住で不動になる

・人が成長していく四段階がある。

①第一段階は、他人と比べて自分の優・劣や特徴を自覚する。

②もう少し成長すると、隣人とは無関係に、自分を独自に調べて、自分の実状を自覚する。例えば、自分は無知だな、自分には愛が少ないな、自分は罪深い人間だな、などというようにである。

③もっと成長すると、自分が自分に捕らわれていることから離れ、絶対的存在の神を知るようになる。そして、自分には神のあわれみと神の力が必要であることを自覚する。

④最終の第四段階に成長した者は、自分に死んで、内住のキリストに生きていただくようになる。

・信仰が進むと、すなわち神の前にきよく生きることが日常の出来事となると、その人の内にキリストが宿り、そしてキリストの内にその人が住むようになる。そうすると心は澄んで自由になり、今の世を自分はどちらの方向に進んで行くべきかが見えてくる。

・強靭な精神、すなわち自分の信念に固着して、どんな状況・条件になろうとも揺れ動くことなく、外界の変化や自分の感情・気分に決して左右されない気魄《きはく》、そのような精神は、どのようにして自分の内に育成できるであろうか。

世の中では、そのために滝に打たれたり寒稽古などの荒業をする。あるいは座禅を組んだり断食をして雑念を払い、無我の境地に達するために勤行する。これらの方法はそれなりの効果があるであろう。ゆえに、否定はしない。

さて、キリスト教においてはどうであろうか。外界の状況が変化したからと言って右往左往しない強靭な精神は、神に自分を委ね切ることから得られる。自分の感情や気分によって言動が揺れ動かされない心の堅固さは、自分の霊の内にキリストに住んでいただくことによって可能になる。

４　霊を受けて勝ち続ける

◆霊の器を開いて恵まれる

・神からの御霊による祝福の降り注ぎは、受ける人の心の内にある霊の器の開き具合が大きいほど、多く入ってくる。霊の器の開き具合は、その人の敬虔さによって異なる。信頼と受容と委ねという神への敬虔さが、深ければ深いほど、霊の器は大きく開き、神からの恵みも神からの御声も多く入ってくる。〔コラム８〕

・この世の物事によって十分に物心両面が満たされても、それだけでは自分の内奥の霊魂を充実させ、心に平安をもたらすには十分ではない。心の底から精神が充溢して楽しむためには、御霊によって送られてきた神からのもの、すなわち祝福や知恵などの神からの恵みで魂が満たされる必要がある。

〔コラム8〕

◆霊の器が開いている者に来る恵み

霊の器が閉じたままの生まれながらの自然人は、神からのものを御霊によって届けられてきても、反発して受け付けず、跳ね返してしまう。しかし信仰者は、霊の器が開いているので、神から来るものを受け入れ、どんどん吸収し、神の恵みで満たされるようになる。

人が創造された時に神から受けたものは霊の器であったが、現実において、この霊の器が閉じている人と開いている人がいる。この霊の器は、本来神から啓示された御旨や、神から賜物として来る恵みを受け取って、自分の内に受容し、神と相互に交流するための機関として与えられている。

信仰者は、この霊の器を使って、聖霊の執り成しによって、神との交わりをする。また、この霊の器によって、聖霊が送り届けてくださった神に関連することを解釈し、神と意志疎通を図《はか》る。

霊の器は備えられているが、残念ながらそれが閉じている生まれながらの人は、この解釈も、神との意志疎通もできない。これに対し、開いた霊の器である信仰者は、この霊の器によって、神的なことを御霊の仲介によって理解し、神と交流する。

このことをパウロは、次のように言っている。「ところが、わたしたちが受けたのは、この世の（に関連した）霊ではなく、神からの霊（霊の器と聖霊）である。それによって、神から賜わった恵みを（十分に自分のものとして）悟るためである」（Iコリント二12）。〔『キリスト教信仰の基礎知識』一〇四頁〕

・人は、自分が人間として不完全であるとは、普段は気付かないで生活している。気付くのは完全なものに接触した時である。神の聖とか義とか愛という完全なものに出会って触れた時に、自分はなんと不完全で汚《けが》れていて惨めな生き物なのだろうかと目を開かれる。そうして自分の内奥の霊がそれらで満たされたいと渇望するようになる。

・人生において、自分がしようとしている事柄に成功を望むならば、まず第一に、御霊の声に従うということが大原則である。自分の計画や人々の声に呼応するその前に、聖霊が示す導きに従うことが、成功への最短距離である。

・パウロは第二回目の伝道旅行で、ビテニヤに向かうことを試みた。しかし、御霊がそれを許さなかった。そこで彼は方向を変えてトロアスへ向かった。このトロアスから、期せずしてヨーロッパ宣教への彼の道が開かれた。第三次伝道旅行の帰路にあっては、ツロにおいてもカイザリヤにおいても、人々は彼に命の危険があるからと、パウロがエルサレムに上京しないようにと制止し、涙を流してまでして行かないよう懇願した（使徒二一4、12参照）。それでもパウロは、御霊による確信によって敢然とエルサレムへ出発していった（同二一5、13参照）。このパウロの決意と行動によって、結果的に彼のローマ行きへの道は開かれ、三百年後にはキリスト教がその帝国の国教になるまでに広がった。

この大成功の事実が、私たちに悟るようにと明示することは、パウロが自分の企画したことに固執するのではなく、御霊の声に従い、人々の声よりも、御霊の教示することに従った。だからこそ、神の御旨に沿った大計画が成功裏に達成された、ということである。

◆聖霊によって勝つ

・悪に勝利するためには、人の肉（人間的思考）をもってしてはならない。悪は、悪霊の本性であって、人間の肉的力に負けることはない。霊に勝つためには霊をもってするしかない。悪霊に対しては、人が聖霊をもって対抗する時にのみ、悪に勝つことができる。その場合に用いるべき武器は、勇気や忍耐といった人の力ではなく、「御霊《みたま》の剣《つるぎ》」（エペソ六17）である。すなわち神の口から出る一つひとつの御言葉である。人の力で悪に立ち向かおうとする者は、悪の力がいかに強力であるかをまだ知らず、そして神の言葉がどれほど威力あるものであるかを体験していない人である。〔コラム９〕

・人がこの地上に生きて、どうしても獲

〔コラム9〕

◆人間の強みと弱み

サタンの強みと弱みに対し、人間の側にも強みと弱みがある。人の弱みは、決定的な弱みであって、攻撃してくるサタンが霊であるのに対し、自分は肉体を持った生身の人間でしかないということである。

人には人間の力しか持ち合わせがなく、霊には対抗できない。人は、人間相手なら勝ち目もあろうが、相手が霊では、人間が持つ知識や経験、才能ではどうにもならない。

人の強みは、聖霊が助けてくださるということである。聖霊は霊であって、人の決定的な弱みであるところの「肉体を持った生き物であって、霊ではない」ことを補い、サタンに対抗してくださる。聖霊は、三位一体の神の第三位格のお方であり、神の現れ方の一つとしての神である。「もし、神がわたしたちの味方であるなら、だれがわたしたちに敵し得ようか」（ローマ八31）。

「絶えず祈と願いをし、どんな時でも御霊によって祈」（エペソ六18）るならば、聖霊が私たちの足りないところを補い助け、勝利に導いてくださる。〔『知慧に生きる』三〇八～三一〇頁〕

得しなければならないものは何か。それは富や知識や名声といった地的なものではない。聖霊によってのみ満たされる聖とか、無条件的な愛（アガペー）とか、永遠の命といった天的なものである。天的なものには、地的なものからは決して得ることのできない、神だけが授与することができる崇高な価値が備えられている。

◆愛を感知し続ける

・私の体験から言うと、たとえ赤貧の生活の中にあろうとも、愛を実感している者は、すべてを持っていて豊かである。この愛以外には何も欲しいとは思わない、というのが実情である。

だから、キリストの愛の中に浸って歩む者は、その生涯の終わりを迎える時に問われても、歩んできた道がどんなに狭い門、細い道であったとしても「全然、狭くも細くもありませんでした」と告白する（ルカ二二35参照）。〔コラム10〕

・人生を歩む上で、大いなる支えとなるものが三つある。すなわち、①現在において、信じ信頼する対象が自分の内にあること、②未来において、成就することが約束されている希望があること、③過去、現在、未来において、自分が愛されていることを心底実感できていること、この三つである（Ⅰコリント一三13参照）。この三つの信、望、愛が自分にあったならば、これ以上必要なものは何もなくなる。

・自分が愛によって神と堅く結ばれた人は、
①社会においては、キリストの受難と共に受難し、
②世界に対しては、神の憤りと共に憤り、

〈コラム10〉

◆狭くない細い道

狭い門から入り、細い道を長年歩み続けたイエスの弟子たちに、主イエスは尋ねられる、「わたしが何も持たずに行けとあなたがたを遣わしたとき、どこかで何か困ったことがあったか」と。その時弟子たちはこう答えるに違いない、「いいえ、そんなことは何もありませんでした」（ルカ二二35参照）。

この世のすべてのことを放棄し、命まで捨てて従う弟子に、これほどまでに言わしめるものは何なのか。それはイエス・キリストの愛である。悪人へさえ神は雨を降らせ、太陽を昇らせるように、私たちが罪人であった時にさえ、その罪を赦すために十字架にかかってくださった、このキリストの愛である。

愛されていることを知っている者は、愛されている以外の何ものをも欲しない。愛されている者は、すべてのものを持っている。「こころの貧しい人たちは、幸いである。天国は彼らのものである」（マタイ五3）とあるように、天国さえすでに彼らは所有している。そして、どんなものも「神の愛から、わたしたちを引き離すことができない」（ローマ八39）。それが狭い門であっても、細い道であってもである。〔『知慧に生きる』六〇～六一頁〕

③世にあっては、神の栄光のために熱心になり、
④神が喜ばれることにおいて、自分も幸福になる。

◆愛の内を歩む

・キリスト者の愛の特徴は、求め奪う愛とは反対の、与え捧げる愛である。自己保身的で制限的な愛ではなく、我が身を顧みない捨て身の犠牲的な愛である。このような愛が出てくるのは、自分を愛してくださるイエス・キリストが、命を懸けて自分にそのようにしてくださったからである。「主は、わたしたちのためにいのちを捨てて下さった。それによって、わたしたちは愛ということを知った。それゆえに、わたしたちもまた、兄弟のためにいのちを捨てる」（Ⅰヨハネ三16）。このことがごく自然に溢《あふ》れ出てくる。

・キリスト者の日々の歩みの中で、人々の耳目を引くような大きな特徴は、言動が愛に輝いているということである。愛に味付けられていない言動は、神に喜ばれない。なぜなら、神は愛だからである（Ⅰヨハネ四8参照）。また「（主なるキリストがそうであったように、あなたも）愛のうちを歩きなさい」（エペソ五２）と勧められている。

・キリスト者が「歩む」と言った場合、その歩みとは、日常のすべての事柄において、そのこと（例えば愛する）が実践され続けていることである。そのことが途切れたり消滅してしまっている行動を、キリスト者は「歩んでいる」とは言わない。

・「光の子らしく歩きなさい」（エペソ五８）と勧められている。生まれながらのかつての自分には、内に光がなかった。あったのは闇であった。光が自分の心の中に入ってくださったので、その光を輝かせて歩むことができるようになった。

心の内から光を取り除かれたら、私は再び闇に戻るしかない。自分の中から光を輝き出させながら人生の旅を続けることができるのは、光であるキリスト（ヨハネ一二46）が私の内奥の霊に住み、満たしてくださっているからである。「わたしは世の光である。わたしに従って来る者は、やみのうちを歩くことがなく、命の光をもつ」（ヨハネ八12）。これが私たちの内で実現されている。

第2章 信仰の行動化

序　行動に表す信仰

　私が物理学に興味を持ち、半導体物性工学を専攻したためかもしれない。あるいは、少年期に貧窮を経験して、物質的欠乏の苦しみを長く味わったためかもしれない。私はどんな思考や思想であっても、それが五感で確認できる形や行動になって現れるということを重視した。科学で発見した原理・法則も、論理的・組織的に組み立てられた思想も、独創的な技術的アイデアも、それが人間に益を与える形や行動になっていてはじめて、価値があるとの信念を強く持ってきた。

　その延長線上にあってか、信仰においても、信じたり示された戒めや教えのそれぞれが、自分の生活上に行為・行動となって現れ、実を結ばねばならない、との思いを堅持してきた。老年になった現在においても、実行を奨めている御言葉に関心が向き、自分でもそれを実践できるように努めている。

　例えば、御言葉に次のようにある。「わたし（キリスト）にむかって『主よ、主よ』と言う者が、みな天国にはいるのではなく、ただ、天にいますわが父の御旨を行う者だけが、はいるのである」（マタイ七21）。「わたしのこれらの言葉を聞いて行うものを、岩の上に自分の家を建てた賢い人に比べることができよう」（同七24）。「悪い実のなる良い木はないし、また良い実のなる悪い木もない。木はそれぞれ、その実（結果）でわかる」（ルカ六43〜44）。「信仰も、それと同様に、行いを伴わなければ、それだけでは死んだものである」

（ヤコブ二17）。

自分の信仰を実生活のそれぞれの分野で、行為・行動に現すことは重要なことである。生涯の生活や仕事の上に、自分が信じている信仰の内容が、形や行為となって現れ出てきてはじめて、その信じている信仰の価値が出てくる。私たちの人生を意味あるものとするために、神の聖・義・愛が自らの信仰生活上で、実際上の成果となって実を結び、人々の前に現れてくる、そのような一生でありたい。

1　神の栄光のために生きる

◆神の栄光で価値を生む

・ほとんどの人は、人生で一度ならず、「自分は何のために生きるのか。生きねばならないのか」と自問自答し、苦悩する。それに対し、聖書には想定外の答えが書いてある。食うためでも、生きるためでもない。それは神の栄光のためである、と。すなわち、「だから、飲むにも食べるにも、また何事をするにも、すべて神の栄光のためにすべきである」（Ⅰコリント一〇31）。

人間が生きて活動する意味と目的は、それらの一つひとつのすべてを、神の栄光を現すためにすべきである。これが、神の言葉である聖書において、前掲の自問に対し人に与える答えである（『ウエストミンスター小教理問答』第1問参照）。〔コラム11〕

・多くの事柄を出来上がらせることをもって、「よくやっている」と世人は称讃する。成し遂げた事柄が大きくて多いほど、人々は立派だとしてその人に誉れを授与する。だが、多く大きな業《わざ》を果たすことだけで、それほど褒められるに値することなのであろうか。

成した業の量に価値があるのではない。どんな一つひとつの事柄や多くの事業が成し遂げられたとしても、そこに貫く一つのこと、すなわち「神の栄光を現す」ということが組み込まれていなければ、何一つとして

〔コラム11〕

◆生きる目的は神の栄光のため

人は何のために生きるのか。この問いに関連して、「人は食うために生きるのか、それとも、生きるために食うのか」との議論をする。聖書はこの議論に、次のように答える。そのどちらでもない、「だから、飲むにも食べるにも、また何事をするにも、すべて神の栄光のためにすべきである」（Ｉコリント一〇31）。

人が生きるのは、神の栄光のためである。食べるためでもなければ生きるためでもない。人が生きている間中、何をするにしても、それは神の栄光のためにすべきであって、それ以外のために何かをすることは、生きる人間の本来の目的から外れている。

それでは、何が神の栄光であって、どうすれば神の栄光を現すことになるのか。

神の本質は唯一ということで、そこから神の無限、永遠、完全ということが出てくる。神の自然的属性は、全知、全能、遍在であり、道徳的属性は、聖、義、愛である。これらの性質によって万物を創造し、統治しておられる。

これらの総体が神の栄光であって、この神の栄光を認め、受け入れ、告白し、崇め、信じ、感謝しつつ、神意に沿って生きることが、神の栄光を現すことになる。〔『天命に立つ』四六五～四六六頁〕

成果を上げたことにはならない。

・私が一人の人間として言い表すことは、それほど重要なことではない。私が言動することを用いて、そのことを通して、神が語っておられるかどうか、それが重要である。また、私自身が何かをする事柄は重要ではない。私のすることを用いて、それを神が為しておられるかどうかが重要である。私が隠され、神が栄光を受けてくださるのでなければ、私がどんなことを行おうとも、また私がどんなことを語ろうとも、それらの一つひとつには何の意味も価値もない。

◆神の栄光から報いを受ける

・「人生の意味は何か」の答えを得て（例えば、神の栄光を現すこと）、御言葉からのその答えに従って行動した者にのみ、真の幸福はやってくる。

・社会から受ける報酬のために働かないがよい。真面目に働きさえすれば、それに見合った報酬は、望まずして世にあっても後から確実に付いてくる。それよりも、神の栄光のために働くがよい。そうすれば、自分のために働くことの三十倍、六十倍、百倍の報酬が付いてくる。

・私たちが神の御名を汚すことになるのはどんな時であろうか。それは次の三つの場合である。すなわち、
①そのことは、神の御名にふさわしくないのに、それを神の御名に帰せる場合。
②そのことは、神の御名にふさわしいのに、それを神の御名に帰せない場合。

③そのことは、神に属していることなのに、それを他のものに帰せる場合、である。

◆神に仕えて平安を得る

・慈《いつく》しみ深い神の前にありつつ生活を続ける者にとって、①神を畏れ敬い、②跪《ひざまず》いて御旨を深く尋ね求め、③自らは謙卑を極めて、服従することに専念する。この三つの態度をもって神に仕えること以上に、平安に浸り喜びとするところは、この地上にない。

・この世においては、常に肉と霊との戦いがある。すなわち、自分の内側に関しては、欲望や誇りといった肉的なものと、神の聖に従おうとする霊との内的葛藤がある。もう一方において、社会との関わりに関し、欲求を達成して成功させようとする組織の、人間的意志を押し通そうとする誘惑との戦いがある。さらには、世の悪霊と言われるサタンとの戦いがある。

しかし、自分に対して、どんなに肉や悪霊の攻撃が激しく襲ってきても、その戦いに困憊《こんぱい》し、敗北するようなことがあってはならない。そんな場合に、常に心身を明晰にして勝ち続けるための唯一の武器は、敬虔な信仰である。中でも主イエス・キリストを神の御子として信じ、従いゆく信仰である。「世に勝つ者はだれか。イエスを神の子と信じる者ではないか」（Ⅰヨハネ五５）の御言葉に立ち続ける者は、常に勝つ。

2　信仰を行動に表す

◆敬虔と行動で信仰する

・神学はともかくとして、信仰は、世に隠れた名もなき市井《しせい》の人々によって保たれ、堅持されてきた。神学は頭脳とキリスト教に関する知識があればできる。しかし、信仰はそれだけでは足りない。それに敬虔さと行動力を加えることを求められる。神への全き信頼と服従、神の愛の感受とそれへの行動をもっての応答が求められる。この信頼と応答の伴わない信心は、信仰ではない。

・「神がいるなら見せてほしい。私が困った時に、また苦しみに会った時に、何度神に呼びかけ、求めても、助けには来なかった。少しの力も与えられなかった」と人は言う。だが、このような求め方と理解の仕方は間違っている。なぜなら、神は、自分の望む時に自分の願いどおりに言うことを聞かせる僕《しもべ》ではないからである。逆に、神は、私たちが自らを献げて、御意志に沿って従うべきお方である。

キリスト教に前者のような神を求めるなら、どこを探し求めても、そのような神を発見することはできない。キリスト教の神は、神が与える恵みに感謝し応答して、かつ神の御心に服従する者を求めておられる神だからである。

・人は、自分の内に霊を持つ人間であるのか、それとも持たない人間であるのか、そのどちらを自覚しているかで、その人の生き方は大きく変わる。すなわち、神は、人の肉体に霊を吹き込んで、神の像《かたち》に人を創られた（創世二7、一27参照）のだが、この事実に立って、自分が肉体の部分だけであるのか、それとも、神との交わりを可能にしている神的交友座である霊（の器）を自分の内に持つ存在であるのか、そのどちらを認識しているかの違いによって、その人の生き方は大きく分かれる。

肉体と頭脳だけの自分であると認識する者は、聖にして全知全能なる神との交わりということに、関心を持たないであろう。しかし、神の像《かたち》を大きく毀損しているとは言え、その像《かたち》が僅かでも残存し、人の内にある霊によって神との交わりができる者とされている（マタイ一二20参照）と識《し》る者は、神からの啓示を受け取り、神に応答していくことに関心と精力を傾けるであろう。そして、自分が生きている間に神の像《かたち》を取り戻すために、神に向かっての歩みを日々続けていくであろう。

◆聖書と教会と神学に通じる

・社会に生活している信仰者として、聖書、教会、神学のどれかだけに片寄った行動をしてはならない。どれかだけに重点を置いて主張してもならない。イエス・キリストの福音は、どれかだけに偏向していることはなく、これら三つが統合され、三つが互いに支え合っている。

社会に活動する信仰者に求められることは、

①聖書を基本として御言葉を深く学びつつ、それを実践し、
②信仰の家族として集う教会および社会での諸活動を、協力し合って確実に実行し、
③これらを堅固に支える神学にも深く親しんで、憧憬を深くすることである。

キリスト教の研究者ではないが、実践者であるレイマン（信徒）にとっては、この三つ、すなわち聖書、教会、神学がバランスよく身に着き、この三つを調和させて生活していくことが、重要である。

・ヨブがそうであるように、真摯な信仰は、三段階を通って本物の信仰に至る。すなわち対話→対論→対決である。ヨブは次の三段階を通った。ヨブを慰めようとして訪ねて来た三友と会話を交わし〔対話〕、そのうちに三友がヨブの内に非があると責めることに対し、ヨブは「自分は正しく、悔い改めるべきことは何一つない」と激論を戦わした〔対論〕。最後に、主が現れてくださって「ヨブよ、お前は神であるわたしを非とし、自分を是とするのか」と迫られ、自らの愚かさに目を開かれたヨブは、神の前に全くひれ伏した〔対決〕。この三段階を通って、ヨブは真の信仰へと導かれた。

聖書を読む人は、①聖書と自分が対話し、②自分の主張と聖書の言うことと対論し、③最後に御言葉と対決して主の前にひれ伏し、全く服従する自分になる、というところまで行かないと、真の信仰に達することはできない。

◆自立の基盤を御言葉に置く

・成人となった者は、一般の人であれ信仰者であれ、他の人からは独立していて自ら決定した意志に従って行動することに違いはない。だが、両者には自立して足を置く基盤に違いがある。一般人が立って行動することの基盤は知識と経験であり、理性と感性を駆使して行動する。これに対し、信仰者は経験や理性を蔑《ないがし》ろにすることはないが、より重きを置いて依って立つ基盤は、聖書に示された神の御言葉である。そして、霊性（自らの霊と聖霊）によって神の御旨を知り、神の御心に従って行動する。

・成人たる者は、未成年者がそうであるような他律ではない。自らが意志決定して活動していく自律である。信仰を持たない一般の人は、この自律をもって人間が成熟したとして、この生き方を尊ぶ。だが信仰者は、この自律から卒業して、さらに上にある神律の域に入《はい》り、その神律に従って自律の行動をする。

・天地創造に神の配慮と計画があったことを認めない者にとっては、信仰に関するどんな説明も、霊的な耳目が閉じているので無意味なものになる。

信仰の世界を知り、信仰の時空に入るためには、人間中心の視点と思考から一度解放されて、神中心の視点と思考に切り換える必要がある。この自由が与えられないと、信仰の世界に生きることは不可能になる。〔コラム12〕

◆神を信頼して約束を得る

・神が私たちに対してどのようにして

〔コラム12〕

◆視点転換による新価値

創世記一章の記述が科学的に正しいかと、一つ一つ確認し証明を試みるのもよかろう。あるいは聖書にこう書いてあるのだから間違いなくそのとおりなのだと、闇雲に信じて、それを他人に強要する必要もない。聖書記述の一つ一つについて、肯定・否定にこだわり、一喜一憂するのは、あまりに人間的な視点に過ぎており、思考のスケールが小さい。もっと神と人類との関係の視点から創世記を見るべきであろう。

人間の側にのみ立って、創世記記述の意味を探るのではなく、自分が立つ場を神の側に移して、なぜ神はこのような表現をもって創世記一章を聖書に残されたのか、神の御心はどのような思い、目的があって書かせたのか、という視点から、この創世記を読むべきではなかろうか。

そうするならば、創世記の中に、従来とは違った新しい意味と重大な価値を見いだすようになる。その意味と価値を見つけるようになると、論争がいかに空しいものであるかを知り、新しい出発を始めることができるようになる。〔『天命に立つ』一〇～一一頁〕

くださるかは、私たちが神に対してどのような態度をとるかにかかっている。私たちが神を信頼し、神に忠実であるならば、神は私たちを信頼して、神の方法をもって約束されたとおりに成してくださる。

・一般の人間社会にあって、自分にはそれを受け取る資格が全くないのに、他人から莫大な資産を無代価で即時にあげると言われたら、その言葉を、にわかに信じられるだろうか。「なぜ?」と問い、「本当かな?」と疑い、その申し出をまともには受け取れないのが普通ではなかろうか。しかし、このようなものが神の恵みというものである。恵みは、「そうなんですか」と信頼し、感謝して受け取るだけでよい。そうすれば、直ちに億万長者さえも超える、豊かで幸せな至福者《しふくもの》にしていただける。〔コラム13〕

・神を信じて従うことがなければ、神の国に到達することはない。岸辺に立っているだけでは、向こう岸に着くことはできない。漕ぎ出して沖へ進み出て行

〔コラム13〕

◆恵みと平安

「恵みと平安とが、あなたがたにあるように」(黙示録一5)とある。

恵みは、自分には受ける資格が全くないのに、一方的に与えられる莫大な豊かさのことである。恵みと言われる数々のものの中で最大のものは、罪赦されることと、神の国にあって永遠の命が与えられることである。

平安とは、大海の表面では大嵐によって荒れ狂っているのに、その深層では水一つ動かず、何事もないかのように、どんな患難の中にあっても心乱されず、安らかでゆとりを持った心の状態のことである。

恵みも平安も神のうちに備えられているものであって、イエス・キリストによって、それを受けるにふさわしい者とされた者へ、神が授けてくださる賜物である。〔『死と神の国』一四八~一四九頁〕

くならば、恵みの大海を味わい、いつかは幸いが満ちた向こうの国へ到達することができる。信じるとは、認めて受け入れ、自分を委ねつつ行くことである。

・「（なぜそうなると信じないのか、なぜ疑うのか。）もし信じるなら神の栄光を見るであろうと、あなたに言ったではないか」（ヨハネ一一40）と主は言われる。信じる者にはそのようになり、信じたとおりに成就する。これがキリストの私たちへの約束である。〔コラム14〕

3　従うことを中心に置く

◆信じて道が開かれる

・世に道理が通り、そのように行われているならば、喜んでいればよい。しか

〔コラム14〕

◆信じて栄光を見る

マルタが悲しみながら墓穴の前に立って、「ラザロが死んでから四日もたち、臭くなっています。洞穴の入口の石を取りのけるのは無駄です」と言った。これに対して主イエスは、「もし信じるなら神の栄光を見るであろうと、あなたに言ったではないか」（ヨハネ一一40）と諭され、そして石を取りのけられた洞穴へ向かって祈られた。（中略）「すると、死人（ラザロ）は手足を布で巻かれ、顔も顔おおいで包まれたまま、出てきた」（同一一44）。これによって「マリヤのところにきて、イエスのなさったことを見た多くのユダヤ人たちは、イエスを信じた」（同一一45）。

神のみわざによって、人知では到底解決し得ない困難が解決され、神の栄光が人々の上に現れたのであった。主イエスは言われる、「もし信じるなら神の栄光を見るであろうと、あなたに言ったではないか」と。信じる者には、そのようになる。信じたとおりになる。信じる者には信じたとおりの神の栄光が現される。信じない者には何も起こらない。〔『知慧に生きる』四四四〜四四五頁〕

し、現在が道理の通らない世になっているならば、自分から下手に手を下すのではなく、通るようになるまで待てばよい。天地は神の主権をもって治められている。だから、悪ばかりが栄える世は続くものではない。時が来れば、真当な道は必ず開かれる。

・童話を読むような素直さをもって聖書を読む。そうすれば、奇跡は自分にも起きてくる。童話を読んでいて「そんなことは信じられない」と文句を言う人はいない。同じように聖書の奇跡を「そういうものか」と受け取り、期待する者には、その人にも同じような奇跡が起きてくる。主イエスは言われた、「よく聞いておくがよい。だれでも幼な子のように神の国を受け入れる者でなければ、そこにはいることは決してできない」（ルカ一八17）。

奇跡を信じない人には奇跡は起きない。奇跡を信じ、受け入れ、信頼し、期待する者には起きてくる。これが奇跡が持つ不思議というものであって、人の思いをはるかに超えたものである。〔コラム15〕

〔コラム15〕

◆見ないで信じる者に与えられる奇跡

奇跡やしるしを自分の身に起こしていただくためには、神からの奇跡やしるしをまだ見ていなくても、神は祈りに応えて必ずそれをなしてくださると信頼して待つ信仰が求められる。神を絶対的に信頼して、「見ないで信ずる者は、さいわいである」（ヨハネ二〇29）と言われる信仰が求められる。

その信仰があれば、時にかなって最善の状態で、願う以上の奇跡を神は私たちになしてくださる。それゆえに、主イエスは、しるしを見なければ「信じない者にならないで」、たとえまだしるしを見ていなくても「信じる者になりなさい」（同二〇27）と言われる。〔『聖書理解の基本』三一五〜三一六頁〕

・私たちは、ともすると神の約束に限界を設けやすい。神が約束してくださることに対して、「そんなことできっこない」と心で笑い、否定し、人間的理由を付けて神の約束をまともに受け入れないことがある（創世一七17、一八12参照）。

信仰する上で重要なことの一つは、自分の小さい信仰によって神の力に限界を設けないことである。神は全能なお方である。限界を設けたら全能ではなくなる。全能は全能として受け取らねばならない。私たちを愛される天の父は、私たちが願うよりも望むよりもはるかに勝って、私たちに成してくださる（Ｉコリント二９参照）。これは多くの人々によって既に経験済みの事柄である。神の全能は、人がイメージする全能をはるかに超えた全能である。この全能を全面的に信じていく時に、全能は全能としてその人の上に成就する。

・主と共にいる者は、何があってもどんなことが起きても恐れない、惑わない、心配しない。自分の過去の卑小な実態を恐れない。現在の状況に迷わない。未来の行く末を心配しない。過去に犯した罪を恐れず、現在の自分を取り巻く混沌に迷わず、見えない自分の明日はどうなるのかを心配しない。主にある者は進むべき道を希望によって知っている。将来がどのようになるかを、主にあって約束によって確信している。今日も明日も主が自分にすべてを良きに備えてくださっていることに信頼し、すべてを委ねているからである（ローマ八27参照）。

◆聴くを優先して喜ばれる

・神の最も喜ばれることは、私たちが何かを為《な》し、実績を積み上げることではない。神の許《もと》に来て神の御旨を静かに聞くことである。神は、神のために何かを献げてもらわねばならないほど貧しくない。神は、神がお持ちの多くのものを私たちに与えたいと思うほどに豊かである。私たちがそれを受け取ることを、神は喜ばれる。

だから、「わたしはいつくしみを喜び、犠牲（の動物を献げること）を喜ばない。燔祭よりもむしろ神を知ることを喜ぶ」（ホセア六6）と言われ、「まず神の国と神の義とを求めなさい」（マタイ六33）と戒められる。それゆえに、給仕に忙しいマルタよりも、イエスの膝元に座して傾聴するマリヤのほうを主は受け入れ、「マリヤはその良い方を選んだ」（ルカ一〇42）と、高い評価を与えられる。

・自分が望み計画している事柄が、神の御心に沿っているものであるならば、必ずそのように成る。だが、御心でなければ成ることはない。為そうと思い描いている事柄が、どんな事業であろうとも、それを遂行する途上において、身体を殺しても魂までは殺すことのできない人々を恐れる必要はない。真に恐れるべきは何かといえば、その為そうとする事において、自分が神に深く聴いて、自分を委ねているかどうかということである。

◆従い続けて祝福を得る

・人の活動する事柄には、多くの分野があって多種多様である。そして、それぞれの活動領域には異なる多くの考え方があって、複雑に絡み合っている。そうではあるが、幸福と成功を自分のものにする方法は決してそれほど多いわけではない。いやむしろ単純であって一つであると言ってよい。何も悩むことも労苦することもない。そのただ一つのことを自分が実行するならば、幸福と成功が自分に来ることは間違いなしである。

それでは、そのただ一つのこととは何であろうか。「自分を捨て、自分の十字架を負うて、キリストに従う」（マタイ一六24参照）、これである。

・人は、神と富とに兼ね仕えることはできない。どちらかを主人とするからである（マタイ六24参照）。人生において、神と富とのどちらに仕えるのかを、自分史のどこかで決めなければならない。富に仕える者は滅びを刈り取ることになる（マタイ七13参照）。しかし神に仕える者は、富を断念したはずなのに、後になって幾倍にもなって、意外なほど多く添えて与えられる（マタイ一九29、六33、一六24〜25参照）。

・「（あれこれ自分のことを心配する前に）まず神の国と神の義とを求めなさい。そうすれば、これらのものは、すべて（その信仰に）添えて与えられる」（マタイ六33）。主イエスが言われたこの御言葉は間違いない真実である。そして、実際に多くの人々が体験してきた事実である。

・信仰は、神を信じて自らを委ね、任せ、従うことである。信仰とは、すべてが主によって最善に導かれていくと確信することである（ヘブル一一1参照）。そんなときの心の内には、安らぎがあり、力があり、平静があり、望みの光明がある。

ところが、主と共に歩んでいない場合には、目の前にある課題や状況に対して疑心暗鬼になり、不安になる。すべてのことが疑わしく思われ、恐れによって心が支配される。自分の予測や先入観によって判断し、それに捕らわれるからである。

◆神を信頼して従う

・信仰とは、神を信頼し服従することに尽きる。そこには秩序立てる論理も、人としての感情も入る余地はない。約束への期待や知的理想さえも超えている。真の信仰は、己の命までも捨てて従うところの、神と自分との一対一の関係である。これは、求められて一人息子イサクを献げたアブラハムや歴史に残る殉教者たちの生き方に、その例を見ることができる。〔コラム16〕

・信仰は、一般論のような世の諸々の知識や経験から結論づけられた道理ではない。神から啓示され規定された、人間としての生き方あるいは歩み方である。したがって信仰は、私たちの経験や知識への信頼というものではなく、守り導こうとされる神の愛への信頼と服従である。

・世に道理が行われるのは、主の御旨としての天意であり、またそこに人の道理が行われないことも天意である。事のすべては、人の意によって展開されるわけではない。主の御旨だけが固く立つ。主は主権をもって天界をも人界をも治め、事を進めておられる。人のすることは、全面的にそれに従うことだけである。

〔コラム16〕

◆自分を無にして従う

アブラハムはいっさいのものを捨てて、自分までも完全に捨てて従った。現在の約束も、未来への希望も、判断の基準になる知識も、物事を秩序立てる論理も、人としての感情も、いっさいを捨てて従った。

このように、神に従うということは、期待でも、人情でも、論理でも、理想でもない。ただ「自分を無にして神だけを信じて従う」、これだけである。そこには、人間的なものはもちろんのこと、信仰的なものさえ含め、あらゆるものが成り立たず、排除され、神と自分との関係だけが残る。〔『満たされた生涯』五〇五頁〕

・人の命は儚《はかな》く、人の一生の間に起こってくる数々の問題は、満足して納得することが難しい。そして、理解し難いことが多い。しかし、どんなことが自らの身に起ころうとも、決してなくすことなく堅持していくべき人の心身の姿勢は、どこまでも神を信頼していくことである。そして神に従っていくことである。〔コラム17〕

◆御心を優先させて勝利する

・イエス・キリストがこの地上の生涯において、十字架にかかって命を献げるまで、人々に聖と義と愛を現し、保持し続けて、世に勝利したことの根源は、自らの意志や欲求に決して身を委ねることをしないで、常に神の御旨に従い、神の前を歩んだことによる。人もこのようにイエスに倣って歩むならば、神の聖を保ちつつ、世に勝利する人生を進んでいくことができる。

・キリスト者が社会で働く場合の姿勢で大事なこと

〔コラム17〕

◆どこまでも信じて立つ

（交通事故で亡くなり、世を去っていった私の息子は、）より高められた交わりと奉仕の世界へ引き上げられた、と私は信じている。彼は、還った天において、この地上では得ることのできなかった幸いと、それ以上の祝福を、天の父と御子イエス・キリストから受けているものと、私は確信している。

息子は今もそこにあって生きている。地上にあった日々よりも、さらに活きいきとして生きている。もしかすると安んじている人々の中にあって、好きだった仕事を、今もしているかもしれない。神は生きている者の神だからである（ルカ二〇38参照）。

人の命は儚く、人の一生は不可解である。しかし、たとえどんなことが自分の身に起ころうとも、最後には神の前に立ち、どこまでも神を信じるという信仰に、立ち戻らなければならない。〔『満たされた生涯』五七四頁〕

は、ペテロがそうしたように、「先生、わたしたちは夜通し働きましたが、何も取れませんでした。しかし、お言葉ですから、網をおろしてみましょう」（ルカ五5）と応えた、この姿勢である。自分にとっては経験済み実験済みで、その結果は十分に分かっている。だが神の御子が言われるのだから、この際、自己主張するのは抑えて、もう一度やるだけやってみましょう。この信頼と従順の素直さが大変重要である。その結果は、舟が沈みそうになるほどの魚が獲れた（ルカ五7参照）。

・自らの幸福の大小を決定する条件は、意外にも自分の自由の活用度によらない。それとは逆に自分の自由意志の欲することを抑制し、神の御心を優先して聞き、従うことにある。得る幸福の大きさは、御子と聖霊の導きに対して、いかに忠実か不忠実か、

〈コラム18〉

◆待ち望む者への神の最善

神は、起きている現在のどんな事柄にも影響されることなく、神のご意志と神の決定によって、最善に向かって物事を展開してあげようとされる。その展開される方向は、今現在の個人の状態が幸か不幸か、楽しいか苦しいか、それらにいっさい関係がない。従ってくる者には、神は神の最善をなしてあげようとされる。しかし、人が自由意志をもって選択したことに対してまでは、その人を尊重し、その人の選択に責任を求めるために、神は介入されることはなさらない。

したがって、神の配慮による恵みを信じ、それを待ち望む者にとって大切なことは、自分の自由意志を優先させることではなく、御子と聖霊の導きを信じ、忠実に従うことである。

摂理の先には、最善をなされる神の恵みがあることは間違いない。行動の先に恵みが待っているか待っていないかは、人の願望によって決まるものではない。生きている間に、父・御子・御霊に従順か不従順かで決まってくる。（『死と神の国』四〇七〜四〇八頁）

あるいは与えられた御言葉に従順か不従順かの採る態度によって決定される。〔コラム18〕

・信仰において、神に信頼を寄せ誠意をもって従い続ける「忠実」ということは、重要な事柄の一つである。この忠実に関し、黙示録において、「死に至るまで忠実であれ」（黙示録二10）と言い表されている。ここで言われている忠実の「死に至るまで」には、二つの意味がある。

①一生涯にわたり、寿命の尽きるまで。

②殉教せざるを得なくなったとしても、神への誠実を貫き通す。

この二つの死に至るまで忠実な者へは、「いのちの冠」が待っている（同二10参照）。〔コラム19〕

4　世に期待しない

◆世に対して一度死ぬ

・無欲でいられることには自由がある。心が何にも捕らわれないという自由がある。そのような無欲になるためには、

〔コラム19〕

◆与えられるいのちの冠

私たちが神の御旨に従って生活し、その後に、御国に着いた時には、栄光の冠が与えられると言われている。

それでは、その冠は私たちがどのようにしたならば与えられるのであろうか。死に至るまで信仰に忠実に歩んだ場合に、その信仰に報いとして与えられる。どんな困難や迫害に遭っても、信仰を守り通し、時には信仰ゆえに死をも迫られるようなことがあるかもしれない。そのような生命を賭した真剣な神への愛と、一生涯にわたり死を迎えるまで、神を信じ従い続ける忠実な僕《しもべ》に、栄光の冠は与えられる。「死に至るまで忠実であれ。そうすれば、いのちの冠を与えよう」（黙示録二10）と約束されている。〔『死と神の国』二〇八頁〕

〔コラム20〕

◆この世に死んだ者の無欲

死人ほど無欲な者はない。死んだ者は、身体《からだ》はこの世にあっても、この世に何も求めない。期待しない。自分の利益を求めることなど、いっさいしない。

キリスト者が無欲な愛の人になりたいと願うならば、死人になることである。一度この世に死んで、この世を去り、再びこの世に遣わされて生きるようにすることである。そうすれば、欲望が聖別されて、この世が正確に透徹して見えるようになる。

パウロは言う、「わたしはキリストと共に十字架につけられた。生きているのは、もはや、わたしではない。キリストが、わたしのうちに生きておられるのである」（ガラテヤ二19～20）。キリストと共に十字架につけられた者は、彼と共に死に、彼と共に葬られてしまった。この世に一度死んだ者は、キリストが天の父なる神の栄光によって死人の中から甦らされたように、同じく共に甦らされ、新しいいのちに生きるようになる（ローマ六4参照）。そして、キリストを自らの内に宿し、キリストと共に生きる者になる。〔『愛の完全』六三～六四頁〕

この世に一度死ぬのがよい。死人には欲がない。死人はこの世に何も期待しない。この世に死んだ者となるためには、キリストと共に十字架につけられることである（ガラテヤ五24参照）。そして、自分が生きるのではなく、自分の内でキリストに生きていただくようにすることである（ガラテヤ二19～20参照）。加えて、目に見えないお方に目を注ぎ続けて生きることである（ヘブル一一27参照）。〔コラム20〕

・人は生きている間に、次の三つのことに死ぬ必要がある。すなわち①世に対し、②人々に対し、③自分に対してである。

①世から受ける地位、名誉、富、世への期待に死に切り、キリストに立つ故《ゆえ》の、人々による非難や批判から自由になっていなければならない。

②次に、人々からの承認や称賛を期待せず、良悪にかかわらず人々から受けるどんな評価にも捕らわれてはならない。

③さらに、自分の欲求や計画に死に切り、キリストの御旨にだけ従い、自分を明け渡していなければならない（ガラテヤ二19～20、Ⅱコリント四11参照）。〔コラム21〕

◆自分を十字架につける

・なぜ、自分を十字架につけて、この世に死ぬことが奨められているのだろうか。自己を十字架につけるとは、自分の意志による生き方を一度断念して、自分を全面的に神に明け渡し、委ねることである。この世に死ぬとは、この世にいっさいを期待しない生き方をすることである。この世的な手練《しゅれん》に従った生き方をしないことでもある。

この世に死ぬことの中には、具体的には、この世が与えると約束する金財、権勢、名誉、地位といったものから縁を切り、これらから離れて生きることが含まれる。世が与えようとするこれらを追い求めるために自分の精力を注ぐことから離れ、これらへの欲求と束縛から解放されて、自由になることでもある。

それでは、なぜ、地位、名誉、権勢、金財などから縁を切って自由になることが、より人間らしく人生を生きていく上で良策なのであろうか。その理由は、これらを実際に手に入れてみれば納得することである。

〔コラム21〕

◆死に切って強く生きる

「いつもイエスの死をこの身に負うている」（Ⅱコリント四10）。これを告白したのは使徒パウロである。イエスの死をこの身に負うのは、イエスにあってこの世に死に、かつイエスにあってこの世で強く生きるためである。

キリスト者は、いつもこの世に対して死んでいる。死んでいるとは、この世にいっさいを期待せず、この世への執着から全く自由にされている、ということである。イエスにのみ自分の関心を寄せ、この世の何ものにも捕らわれない生き方をするのは、より人間らしく強く真実に生きようとするためである。

イエスが生きたように生きることを望み、イエスが死んだように死ぬことを恐れない。すなわち、神を愛し、人を愛するように生き、この世の物質的な幸福や権威・地位を期待しない。そのように生きようとするがために、受ける迫害をも甘受する。

この世からどんな大きな名誉、権力、権勢が提供されても、また世に引き入れようとする甘い誘惑があっても、それからは遠く離れて関わろうとせず、この世に死に切り、ただイエスにのみ従って生きる。

このような生き方をする者は、イエスのいのちがその人に現れ、神の力が溢れるので、活きいきと生きることができる。より高貴で尊厳を持った、人間らしい純粋な生の中に生きることができる。「それ（イエスの死をこの身に負うているの）はまた、イエスのいのちが、この身に現れるためである」（同四10）とあるとおりである。（『クリスチャン人生　瞑想録』二五五～二五六頁）

すなわち、これらは、自分が期待し思い描いていたほどの幸いや豊かさを、自分に与えることがないことを知るからである。これらを追い求めていた時に期待し、思い描いていたことは、幻想に過ぎなかったと分かるからである。

私たちの世界には、もっと豊かで幸いを与える生き方がある。それが、先《ま》ず自分をキリストと共に十字架につけて殺してしまい、この世に死んだ者となることである。その後にキリストと共に甦って、キリストに従い、キリストと共に歩むことである。

この生き方は、後で欺かれるようなことが決してなく、またこの世限りのものでもない、大変豊かな生き方である。

・キリスト者には「十字架に死ぬ」という生活が推奨される（ローマ六４〜８参照）。十字架に死ぬとは、決して世捨て人となって厭世主義者になって生きるということではない。「十字架に死ぬ」ことの本来の意味は、次のとおりである。すなわち、たとえ自分の身体はこの世で悪戦苦闘を続けていたとしても、心は世への期待から離れて、天界の事柄に思いを馳せ、神が与えてくださる富裕と平安のうちに、悠然と自由を楽しむことである。

5　神の国を期待する

◆永遠の命を期待して生きる

・私たちのこの世においての生の終わりは、「死にて葬られ」である。そこに待っているのは一つの棺《ひつぎ》であり、その後、私たちはいずれ無機質の灰になって、土に還っていく。そうだからと言って、私たちの毎日の生活が墓に向かって急ぐことであってはならない。御国を目指して日々高みへ昇っていくのでなければならない。私たちは灰や煙になる肉体だけで生きているのではない。その身体の内には、もっと尊い霊魂を持って生きている。ここに人間が他の動物と区別される尊厳がある。この霊魂は、死んだ後に神の国へ迎え入れられる可能性を持っている。キリスト者はその可能性に大きな希望を抱いている。

その可能性を確実に実現させるために、主イエスは私たちに、次のように勧告された。「朽ちる食物のためではなく、永遠の命に至る朽ちない食物のために働く（活動する）がよい」（ヨハネ六27）。

・信仰とは、自分が望んでいる事柄を必ず成就すると確信し、まだ成就を見ていない事柄を成就した事実として目の前に確認することである、と言われる（ヘブル一一1参照）。どうしてまだ成就もしていない未来の事柄を、信仰はすでに成就した事実であると見て、確信できるのであろうか。それは信じてきた過去の自分の経験による。我が生涯を顧みたときに、神が自分に約束してくださったことは、ことごとく成就してきたことを見る。この実績から、将来の約束も必ず成就するであろうと、確信することができる。それほど私たちの信じる主は、真実なお方だからである。

ゆえに、キリスト者は、主イエスが次のように約束してくださることを信じ、自らの死後の復活と永遠の命の付与を確信する。「わたしはよみがえりであり、命である。わたしを信じる者は、たとい死んでも生きる。また、生きていて、わたしを信じる者は、いつまでも死なない」（ヨハネ一一25～26）。

・永遠の命という観点から生涯を俯瞰すると、長生きであるとか短命であるとか、あるいはその後、生き続けるか死を迎えるかということは、心を捕らえられて苦悩するような課題ではない。もっと重要で凝視しなければならないことは、永遠の命の与奪を決定するだけの権限を持っておられるイエス・キリストとの結び付きが、堅固になっているかどうかである。

◆天国を慕って旅をする

・私たちの本来の故郷は天にある（ヘブル一一16参照）。その故郷を恋い慕って、人生の旅を続ける者は幸いである。彼らはついに重荷と恐れを降ろして故郷に帰り着くことになる。

・キリスト者の生涯は、今まで生きてきた背後の日々よりも、輝かしい前方の天に達する高嶺にこそ、強い関心がある。このような人生の有様は、山登りにおいて、鬱蒼と木々が生茂《おいしげ》る中腹にいるよりも、不要なものが取り除かれ単純になった頂上に立った時のほうが、美しい景色に与《あずか》ることに似ている。

第3章 信仰者としての道行き

序　キリストの僕を押し通す

中堅企業において、絶大な権限を持つ創業社長の指導や助言に従うことは、その後の組織の中で自分の発言や企画案を受け入れてもらい、また昇進・昇格していくための絶対的な条件の一つである。

私は、発展を続ける企業の創業社長から、次のように諭された。それは経営会議の後の、個人的に指名された数人だけが別席に招かれて、会話を交わす酒宴の席でのことであった。

社長は私に言った、「『水清ければ魚棲《す》まず』だ。『清濁合わせ飲む』男になれ。」「酒も飲めないような男では、千人の長にはなれても、万人の長にはなれないぞ。」このように社長が数人の者が聞いている前で私に直言したのは、今の私の生き方ではよろしくなく、将来を心配し、また企業の柱となるよう期待してのことであったであろう。

私は社長の指導と直言を有難いと思いつつも、また申し訳なく感じつつも、「お言葉、誠に有難うございます。このようにお答えしなければならないことを大変心苦しく辛く思います。しかし、これだけは許していただきたいのです。私は千人の長、万人の長になることよりも、一人のキリストの僕《しもべ》でありたいのです」と返答した。

こう答えた私には、次のような思いがあった。神の御心であるならば、いずれ私は千人の長でも万人の長にでもなるであろう。しかし、御旨でなければ、一キリスト者として別の道を行く者とされることもあろう。そのように私は確信していたし、私の行くゆくの生涯は、神の富とキリストの権威ある力とをもって満たし、導いてくださると信じていたからである。

このように私がキリストの僕であることを押し通した結果は、どのようになったであろうか。社内で迫害を受け、仕事を取り上げられ、辛く冷遇される期間を長く味わわされた。しかし、その後、神の導きと祝福とを受けた。すなわち、キリストの僕としての誠実にして忠実な働き方と、神が与えキリストが導いてくださる創意と知恵によって、私は社内で全社的な経営改革を続け、子会社を創業し、社長にもなった。また業界の仕事にも携《たずさ》わって、日本工業規格や世界電子規格も中心人物となって制定していった。さらに某聖書学院のキリスト教教育の講師に就くようにもなったし、いのちのことば社の経営に具体的に助言する理事として奉仕させていただくこともできた。

１　きよめの道を行く

◆自らを聖別して神の前を歩む

・自分の生き方や在り方について、他の人と比べる必要はない。ただひたすらに、次の御言葉に従うことが重要である。「わたしは全能の神である。あなたはわたしの前に歩み、全き者であれ」（創世一七1）。その道がどんなに過酷で世的に不利なものであったとしても、私たちキリスト者は、全知全能にして聖なる神の前を、目を高く上げ背筋を伸ばして歩く。これを期待されている。そして、この神との関係において、「健全にして、愛において完全な人間として、生き続けなさい」と求められている。

・クリスチャンとして自らに、世にある誘惑などの危険が近づく機会を寸分たりとも許さず、聖徒として身を保っていくための心得は、世と自分の間を明確に分離して生活することである。信仰と不信仰、光と闇、聖と汚れ、これらの間には何ら手を携えていく関係のものはない。これらの後者の事柄と少しでも関われば、自分の身を危険に曝《さら》すことになる。むしろこれらとは自分を完全に分離して別置し、汚れたものにはいっさい触れず、神の前に自分を聖別して保つこと。これが天に父をいただく僕としての最良の歩み方である（IIコリント六14～18参照）。

・人が霊的に成長し、神の性質である聖に近づいた状態になると、心の中に次のような徴候が現れてくる。すなわち、従来においては何とも思わなかったり、関心を示さなかったところの僅かな不純や不誠実に対しても敏感になり、嫌悪を感じ、できることならそのような事柄から、少しでも自分は離れていたいと願うようになる。

・世にあって身に迫って来ているその事が、私たちを聖なる神に近づかせるために天の父から出てきたものであるのか、それとも逆に、私たちを滅亡に向かわせるためにサタンから出てきたものであるのか、これを判定する三つの基準がある。それは、
①性的なあるいは腹を満たすところの「肉の欲」から出てきたものなのか、
②または、神を忘れさせ、私たちを虜にして離さない「目の欲」から生じてきたものなのか、
③あるいは、生活ぶりの豊かさを人々にみせびらかす「持ち物の誇り」として表されてきたものなのか、である。

これらの三欲は、私たちを世に執着させて堕《お》としめるために、サタンの誘惑から出てきたものであって、私たちを滅びへ向かわせるものである（Ｉヨハネ二16参照）。

◆きよさを行動で表す

・連綿と続く人類のこれまでの歴史の中で、確かに「クリスチャン」（使徒一一26、Ｉペテロ四16）と称される人々は、高品性でかつ有能な人材であるとの評価を、長年の間の実績によって築き上げてきた。そうではあるが、だからこそ自分がクリスチャンであるということを、人々の前にことさらに吹聴することはしないほうがいい。必要以上に吹聴することは、借りてきた虎の皮で身を包み、貧弱である自らの性質を尊貴な名称で隠し、傲慢になっていることと同じになる。そのようにすることは「クリスチャン」としての尊貴な名称を汚すことになる。もし自分がクリスチャンであることを人々に知ってほしければ、日頃の行動と生活の仕方で、目に見えるように人々に示せばよい。（伝道を目的としている場合には、別である。）

・自由とは、自分の思うままに好き勝手に振る舞えることではない。自由とは、してはならないことはしないでいられ、すべきことは意のままにすることができる状態に自分があることである。神の正しい基準の前にあって、特別に息張ることなく自然に振る舞っても、「耳順《したが》い、矩《のり》を踰《こ》えない」（『論語』。諫言などの人からの言葉を素直に聞けるようになり、そして、自分の思うままに振る舞っても、道を外れるようなことがなくなること）だけの境地に入っていることである。このような心の状態は、神との全き関係に居続ける者に、心の平静の中へ神から恵みとして与えられるものである。

・若き私に聖書を紹介してくれたカール・ヒルティの言葉を一つここに紹介する。「人生の幸福の真髄は、心身ともに完全に健康であって、いつでもつねに正しいことを行う覚悟を持ち、すべての精神に、有害なものをたやすく克服する能力を持つことである」（ヒルティ『眠られぬ夜のために』第二部下、10月22日、岩波文庫、一一七頁）。

◆みだらな冗談を避ける

・パウロはエペソの信徒に勧告して言った、「卑しい言葉と愚かな話やみだらな冗談を避けなさい」（エペソ五4）。品性の高い人というのは、これらの下品なことを口にすることさえしない。このような低劣に属することを自分の舌に乗せないということは、その人が「心の清い人」（マタイ五8）であることの証拠である。

少々知性のある人であっても、ちょっと気を弛めると「愚かな話」をしてしまう。自分で気が付くと赤面して話を引っ込める。だが愚かな人は「下品な冗談」を得意満面になって、いつまでも滔々《とうとう》と飛ばし続ける。ここに賢い人と愚かな人の違いがある。

・「あなたでもそんな言葉を知っているのですか？」と驚かれることがある。常々、神の素晴らしさや美しさについて語り、勧め、導いている人が、みだらで下品な人々が普段使う「軽率な言葉」を発した時である。その驚きの質問は、高貴で霊的な生活をしていると評価しているのに、その期待を裏切られた、その人の心の痛みから出てきた発言である。

◆キリストの心を心として生きる

・人の最高の生き方は、キリストの心を心として生きることであろう。イエス・キリストは、自らは全く聖く高潔であるのに、それを決して主張して誇ることをせず、むしろ自分を全くむなしくして、卑しい者と評される人々の中に入っていって共に生活された。そして、神と人々を愛するために、生命を賭して敢然と進み、忍び、耐えて、死に至るまで自らの使命に従順であられた（ピリピ二6～8参照）。

　このキリストの固い信念と生き方は、私たちキリスト者が自分の生き方に取り入れるように、との模範を示しておられる。

・神の御旨にすべてを献げている人の生活にあっては、どんな些細なことも偶然というものはない。すべてが神のご計画の中にある。自分にとってのあらゆる事柄が、神のご計画の中にあって進められており、自分に起きてきたことのすべてを、父のご意志の結果であると受容する。そのような生活を続ける人が、常々心に留めることは、自分がいつも御旨に従って最善を尽くしているかどうかということであり、神への誠実と忠実から外れていないかということである。

◆心を整えて力をいただく

・人生には、成長していく諸段階がある。少年、青年、壮年、老年の各年代には、為すべきことと獲得すべき事柄がある。それらを確実に自分のものにするならば、人生は賢明で強固なものとなる。そして、さらに高みへ昇っていくことができる。加えてその先には、御国に住む希望が待っている。

　この各段階で共通する基盤となる不動の真理がある。それが「まず神の国と神の義とを求め」（マタイ六

33a）ることである。そうするならば、いつでも目指す崇高な目標と、それを遂行する胆識が自分の内に備えられるようになる。それだけでなく、人生の成功と幸いがそれに添えて与えられる（マタイ六33b参照）。

・自らの才能や出自の質に一喜一憂する必要はない。また、思い悩むこともない。どんな玉石でできている器であっても、底が抜けていたら、いくら注いでも少しも溜まることがない。しかし、土の器であったとしても、底がしっかり閉じていれば、溢れるばかりに神からくる恵みは受けて溜まる。重要なことは、受け取る器の口がしっかり大きく開いていることである。そして、泌み出ることも漏らすこともない確実な底を所有していることである。

神は、真理の啓示も神からの恵みも、すべて聖霊を通して私たちの霊（の器）に注ぎ入れてくださる。私たち自身の人物の大きさや質によって、変更されることも加減されることもない。

重要なことは、私たち自身の人間的な大きさや質ではなく、霊の器の口を大きく開いておくことと、その底がしっかりと閉じていることである。どんなに神が語り、与えてくださったとしても、馬耳東風に聞き、底が抜けて流し放しであるならば、神がいくら与えてくださっても、神の恵みが自分に溜まることはない。

〔コラム22〕

・人々に喜ばれ、世に役立つような人間になるためには、非凡な才能や特別な教養が絶対に必要である、とは言わない。また、人も認めるような高い地位や権力が是非必要である、とも言わない。神から来る光を通す清純な心と、真理をどこまでも探究していこうとの高潔な意欲さえあれば、それで十分である。そのような姿勢と意欲さえあれば、主が聖霊を通して、尽きることのない有益で神的な知慧を、惜しむことなく授けてくださる。
聖書の記述によれば、「無学な、ただの人」（使徒四13）と呼ばれた漁師や収税人であった人たちでさえ、世界が最も必要としている福音という宝を、待っている人々に次々と分け与えて歩いていくことができる人にされた。私たちも、自分がどんなに至らない人間であったとしても、主の前に遜《へりくだ》って僕になりきるなら

〔コラム22〕

◆霊の器が閉じて理解不能

生まれながらの自然人は、神からの聖霊によって送り届けられてきた神の贈り物を、霊の器が閉じているために受け入れない。受け入れないのは、受け入れようとしないからであり、受け入れることができないからである。神から来た賜物を、それだけの価値あるものとして判断できない。かえって愚かしいものと判断してしまう。

神から来たことは、理性によってではなく霊性によって判断し、頭脳に受け入れるのではなく、自分の霊の器に受け入れて、聖霊の助けによって判断すべきことである。だから、霊の器の口が閉じている人には、神から来ることを何も理解できない。このことを聖書では、次のように表現している。「生れながらの人は、神の御霊の賜物を受けいれない。それは彼には愚かなものだからである。また、御霊によって判断されるべきであるから、彼はそれを理解することができない」（Ⅰコリント二14）。

霊の器が閉じている人は、たとえ肉体の目は開いていたとしても、霊的なものは見えず、身体の耳は開いていても霊的な声は聞こえてこない。イエスの弟子であってさえも、「というのは、……その心は堅く閉じていたからである」（マルコ六52、新改訳第三版）ということは起こり得る。〔『キリスト教信仰の基礎知識』一〇三～一〇四頁〕

ば、隣人の行路の燈火となることはできる。

2 敬虔の道を行く

◆死に至るまで忠実を貫く

・ローマ時代に、キリスト教徒を迫害するために行われた人間松明《たいまつ》というのをご存じであろうか。身体全体にタールを塗られ、柱に高く縛り付けられ、生きたまま火を点けられて、燈明代わりにされて焼き殺されていくことである。また、人間は野獣の餌ではない。その人間を興奮した衆目下の闘技場に投げ込んで、恐怖に悲鳴を上げ、祈りをささげるクリスチャンを、空腹に置かれた数頭の野獣に引きちぎらせ食わせて見せ物にする。これをコロッセオに集まった観衆は狂喜して見物した。

そのような迫害を受けても、キリスト教信徒は信仰を捨てようとはしなかった。死に至るまで神への忠実を守り通した（黙示録二10参照）。このような人々の殉教の血流の連続によって、今日までキリスト教は伝え続けられている。〔コラム23〕

・神によって高く評価される事柄は、その人が就く地位や職位に付随してくる権力ではない。その地位や職位が為すべきであるとして負わされている義務を、確実に忠実に果たしており、完了させているかどうかである。高位職に在る者は心せよ。

・世に対して神が勝利するのは、どんな場合であろうか。悪の群団がどんなに攻め立ててきても、彼らのその攻撃が効果を成さず徒労に終わるときである。その例がヨブ記に記載されている。サタンが神の許可を得て、艱難辛苦《かんなんしんく》をもってヨブを攻め立てた。家、財産、家族を全部取り上げられたヨブが、それでも「主が与え、主が取られたのだ。主のみ名はほむべきかな」と神を称え、主に向かって決して愚かなことを言わなかった（ヨブ一21～22参照）。また、全身を腫物で苛《さいな》まれ、妻からは「神を呪って死になさい」と毒突かれても、ヨブは彼の唇をもって罪を犯すことをしなかった（ヨブ二7～10参照）。そのためにサタンはついに退散せざるを得なかった。

こういうことによって、神は、神の人を通して悪に勝利される。

◆神の審判を自覚して生きる

・その人の善行は、ついにはその人の性質

〔コラム23〕

◆初期教会信徒の困苦

黙示録が書かれた時代（AD九五年頃）のキリスト者の困苦は、並大抵のものではなかった。地中海沿岸地域へ発展して広がりつつある教会への迫害は、第五代ローマ皇帝ネロ（AD五四～六八年）の時に始まり、第十一代ドミティアヌス帝（AD八一～九六年）、十三代トラヤヌス帝（AD九八～一一七年）、十四代ハドリアヌス帝（AD一一七～一三八年）と続いた。

当時、キリスト者になり、クリスチャンであり通すことは、命懸けであった。キリスト者であり通すことは、貧苦を覚悟せねばならなかった。投獄の憂き目に遭い、しばしば観衆の騒ぐ闘技場へ投げ込まれて、野獣の餌食にされた。時には身体全体にタールを塗られ、柱に高く縛り付けられ、生きたまま火を点けられて人間松明《たいまつ》にされたこともあった。これが初代教会の人々が遭遇しなければならない迫害であり、困窮であった。

それでも当時のキリスト者は、信仰を棄てず守り通した。荒れ狂うサタンの暴虐に耐えて、勝利の信仰の中を生き、そして死んでいった。〔『死と神の国』四四〇頁〕

となり、生き方となり、その人の子孫家系に引き継がれていく。同じく、その人の悪行は、いずれはその人の性質となり、生き方となり、子孫が受けて血筋に引き継がれていく。

日々の小さな善行あるいは悪行は、影響の少ない軽いものと認識されるかもしれない。しかし、その行いが受ける報いは、三、四代に及び、行くゆくは千代に至る（出エジプト二〇5〜6参照）と聖書は警告している。これは真実である。それはアダム以来連綿と続いた人類の罪責が証明している。

何気ない日々の自らの思いや動作も、いつかはそれが習慣となり、それが自分の性質となり、そして品性となり、やがてや自分の子孫や関係する人々に重大な影響を及ぼすことになる。この自覚をもってどんな些細な悪からも離れ、善に親しみ、自らの生活を制御していくことは、大切なことである。

・神の警告を軽んじてはならない。それは脅しではなく、今後起きてくる現実である。警告が事実となったことは、捕囚に遭った旧約イスラエルの南北王国の歴史が示している。神はいつまでも赦して忍耐されるわけではない。すぐにも決断される時が来る。その時には、想像を絶する耐え難い神の審判が下されることを忘れてはならない（Ⅱペテロ三9〜10参照）。

◆神から離れていることを恐れる

・神に固く結び着いている者は、何と幸いなことであろうか。彼らは宴楽や気晴らしというものを必要としない。酒瓶や薬包を必要としない。また、神に背く者が罰せられないでいるばかりでなく、逆に悪を行っている者が栄えていることさえ嘆かない。なぜなら、背いて栄えている人々がいずれ審かれる日が来ることを知っているからである。それを知っているだけでなく、彼らはそれ以上の富と歓喜をこの地上で主から、現在与えられている。

・神に堅く密着している人は、自分が神の意に反することをして、これまでに自分に与えられている恵みと平安を取り去られるのではないかということのほうを、むしろ心配し、細心の注意を払って生活する。

・第六戒の「汝《なんじ》殺すなかれ」（出エジプト二〇13、文語訳）を、他人にばかり適用して、自分を含めない読み方をするのは、戒めの真意を聞き取っていないことになる。まず人は「汝自身を殺すなかれ」である。すなわち、「汝、生きよ。自分を死んだままにしておいてはならない」と戒められている。〔コラム24〕

・人が最も神近くにある状態というのは、①一つは、最も遠い状態にあると考えられる場合である。すなわち、自分の卑賤に泣き、罪深さに嘆き、非力に驚き、欠乏に悩み、深く悔悛して、助けを懇願しているときである。あの胸を打って求める取税人のようにである（ルカ一八13参照）。神に近く在ることのもう一つは、②その最も遠い状態から、聖にして義なる神との堅い結合を求めて、一心に神に向かって近づきつつある時である。「きよい心をもって……義と信仰と愛と平和とを追い求め」（Ⅱテモテ二22）ている時である。

◆敬虔な信仰を続ける

・人がこの地上に生きるには、弱い生き方と強い生き方の両方が必要である。弱い生き方というのは、神の前にあって徹底的に謙虚に遜《へりくだ》り、神の言葉に服従することである。もう一方の、強い生き方というのは、悪に染まった世に対しては、神の意に沿わない、犯してはならないことを決して犯さず、義と信念を貫き、この

〔コラム24〕

◆汝自らを殺すなかれ

神が人間に与えられた「汝殺すなかれ」で、神が最も伝えたかったことは、他人でもなく、他の生命体でもなく、この御言葉を受け入れる人間、自分自身についてである。もちろんこの戒めに他人と他の生物を入れることは当然のことであるのだが、最も重要なことは、「人は自分を死んだままにしておいてはならない。生きよ、生かせよ、生きた者にせよ」ということである。「汝（自分自身を）殺すなかれ」である。

人は、この世に生を受けて人間とされた以上は、自分を死んだままの状態にしておいてはならない。生きたものにしなければならない。神が人に最も望まれることは、人が死んだ状態のままにあるのではなく、真に生きることである。神から離れて自分を罪の中に死んだ状態にしておくのではなく、神と結ばれていのちを受け、神のいのちのうちに生きることである。

神は人を生きた者にするために、人を創造された。死んだ状態にあるようにと創られたのではない。「汝自分を殺すなかれ」、「汝生きよ」と言われており、人が生きることを最も望んでおられる。人が生きるようになるならば、神は天使共々に喜ばれる。（『死と神の国』一四六～一四七頁）

態度を僅かばかりでも妥協することなく堅持することである。さらに、人々に対しては、愛を注ぐことに心血を用い、自分自身に関しては、この世にどんな事もいっさい期待せず、距離を置いて生きることである。

・真摯にどこまでも一つの信仰生涯を押し通そうとするならば、「神の細き御声を聞く」（列王上一九12参照）

程度に停まっていたのでは足りない、そこからさらに進んで、日々の生活の中にあって、ヨブが告白したように、常に「今はわたしの目であなたを拝見いたします」（ヨブ四二5）の「見神《けんしん》の続く信仰」に至っていなければならない。〔コラム25〕

・私たちは礼拝において、聖礼典の一つである聖餐に与《あずか》るときに、「私の肉をあなたの肉体に変え、私の内に流れる血をあなたの血に変えてください」との思いと祈りによって、パンとぶどう液を受けていきたい。

・真理に満ちた器（人物）ほど、世俗にあって外面にばかり捕らわれて見る人の目には、完璧な器のように映ることが少ない。また、聖書のような真理に満ちた書物は、一般の人には霊の眼が閉ざされているので、神の言葉が詰められた至宝の書であると見抜くことが、なかなかできない。私たち各自は、熟達した宝物鑑定士であるかのように、完璧な器は完全な器として見ることができる霊眼を備えた者でありたい。

〔コラム25〕

◆ヨブの結末が教えること

きよさが徹底すると、ヨブのように、目の当たりに神が見えるようになる。

多くのキリスト者は、祈りの答えとして、あるいは聖書を読んでいて、「神の細き御声を聞いた」とまでは言う。しかし、「神を目の前に見て生活している」との話は、あまり聞かない。

ヨブも言っている、「わたしはあなたの事を耳で聞いていました」（ヨブ四二5）。しかし、忍耐によって錬達を学び、精神が神にまで透徹して、心を清められたヨブは続いて言っている、「（しかし）今はわたしの目であなたを拝見いたします」（同四二5）と。

本当にきよめられた人は、日々の生活の中で、神を目の当たりに見つつ行動する。

〔『知慧に生きる』四三〇～四三一頁〕

また同じく、無比の喜びを伝える幸いな御声は、空気を震わせてではなく、霊的な霊波をもってであるかのようにしてくる。そのために一般の人には、耳はあっても、受話機としての霊の器が開いていないので、霊魂に聞こえてこない。私たち一人ひとりは、このような聖霊が運ぶ福音を、はっきりと聞き取れる霊耳を持つ者でありたい。

・自分に与えられた約束や預言を信じているとは言っても、もし緊迫感のない信じ方をしているとしたら、それは何ら不信と変わるところがない。「なあに、まだ先のこと。いつのことやら」との信じ方は、疑いに等しく、信じているとは言えない。終末がいつであるのかは御子さえ知らないことであるのだから、目を覚まして（マタイ二四36、42参照）「今か、今か」と待つ、緊張感を帯びた信仰を持っていきたい（マルコ一三33、37参照）。

◆キリストの僕として王道を行く

・キリスト者が生涯にわたって歩む道は、世の人々の目から見れば、それは決して王者の道と言えるものではない。どう見ても僕《しもべ》が行く道である。ところがキリストが示す、仕える者として歩む僕のこの道にこそ、王者の道が隠されている。主イエスは言われた、「あなたがたの間でかしらになりたいと思う者は、僕とならねばならない」（マタイ二〇27）。キリストは、ご自分で言われたとおりに僕として歩み、命を与えるほどにして人々に仕え、その結果、世界の王者になった。人は仕える人となってはじめて、この世において偉大な者になれる（同二〇26参照）。僕の道の中にこそ、隠された王者の道がある。

・日常の繁忙な生活から解放されて、一週間のどこかで悠然とした気分が得られることを、人はどんなにか望む。悠然とは、雄大無辺で豊かな大自然を前にして、静穏で平安なゆったりした心の状態である。

人の目を気にして隠密にせざるを得ないような行動や話をしているところに、悠然とした気持ちはない。神の前にあって、正々堂々と歩くことができる「きよく、正しく、美しい」言動が、交わされているところでないと得られない。

常に悠然とした態度でいられるためには、そこには聖さが保たれ、義しいことが行われ、愛を深く注ぐ生活が日々営まれていることが必要である。神聖な性質に与《あずか》り歩んでいる人々に、心の悠然は授与される。

・私たちの住む世界は、法則や定理に従って秩序立てられて運行している。またそこは、衣・食・住といった生命と生活の基本的部分を提供する物質的世界でもある。このことを軽視することは、決して信仰者の正しい態度ではない。神がこの世界を創造されたとき、「すべてははなはだ良かった」（創世一31参照）と言われて、これを認承された。物質世界も神の御手の中にあって、神意が注がれているものである。生き方のすべてにおいて、精神的にあるいは宗教的にだけ考えて、物質を禁欲的に拒否して生活することは、正しい生活姿勢とは言えない。そのような生き方は、神のもう一方の「物質自然界の恵みへ感謝する」ことを怠るという、反信仰的態度へ陥る危険がある。

3　使命に力を注ぐ

◆与えられた使命に従って生きる

・神に喜ばれる生き方とは、どんな生き方であろうか。神に喜ばれるのであるから、少なくともその人は神の御旨に従って生きているであろう。そして、自分の人生の全生涯を通して、自分に与えられた使命を完遂するために生きているであろう。

そのような使命に立って生きている人の誰にも共通していることがある。それは神の栄光を現すために活動していることである。聖書に、その生き方を導く御言葉として、何事をするにも「すべて神の栄光のためにすべきである」（Ⅰコリント一〇31）とある。

・神の前を歩む者は、役者や俳優に似ている。「演ずるこの役割をどの俳優に割り当てようか」と選び、割り振るのは演出家（神）である。割り当てられたそれぞれの俳優（私たち）は、自分に当てがわれた役を立派に演ずることが仕事であり、使命である。その演じ方の出来映えで、舞台全体の完成度が決まり、また各自の役者としての優劣も決まり、その評価を受けることになる。そして、次の役柄が付与される。

・天の父は、私たちが生まれる前から、神の国の進展と確立のための職務を、各自に個別固有に定めておられる（エペソ一4、11～12参照）。その職務は、私たちが生きている間に果たし終え、完結させせなければならない。

私たちの生涯は決して長いとは言えない。そうであるから、特別な職務に就かせようとして、青年の早いうちから召命の目的を明確にして活動を与えられた人は、幸いな者であるといえる（エレミヤ一5参照）。

◆使命に忠実に生きる

・人の生き方にとって肝要なことは、自分が神に何を求めるかではなく、神が自分に何を求めておられるかである。自分の願いに神を従わせるのではなく、神の御旨に自分を忠実に従わせることである。〔コラム26〕

・人が生涯を用いて、キリストの杯を飲み干すことの価値は、生きる寿命の長さでは測れない。それは、使徒たちのそれぞれの生涯が示している。すなわち、ヤコブのように、英雄的な一瞬のために生きる者もあれば（使徒一二2）、ヨハネのように、証詞を繰り返し語り、奉仕を続けて長命に終わる者もある（IIヨハネ1）。どちらも優劣はつけられない。どちらであろうとも、重要なことは、キリストのために生きたかどうかである。このことが天の父の前で問われることである（ピリピ一21参照）。

天の父は、福音の前進のために己の命を惜しまず、奮闘す

〔コラム26〕

◆何を求められているかを知る

信仰や祈りは、自らの利益のために「主よ、主よ」と言って神に近づき、神に求めるものではない。神は、人の欲する事物を叶えてくださるための奴隷ではない。また人の欲望が姿を変えた権化でもない。人に利用されて喜ぶようなお方ではない。

信仰や祈りは、これらとは逆である。神が人に何を求めておられるか、それを人が知ることである。神が人に求めておられることを知って、それに服従し、行動することである。神の御旨が実現するように、人は神に使っていただける者になり、行為することである。このことのために祈り、このことのために信仰生活を続けるのが、真の信仰である。〔『死と神の国』三九九頁〕

る器を用いて、御旨実現を推進される。これに従う真摯な僕《しもべ》によって世界は造られてきた。〔コラム27〕

◆自分を献げて生きる

・どのような生き方が、自分の人生を最も価値あるものにする生き方であろうか。それは、自分の夢を実現する生き方であろうか。それとも自分の望む願いのすべてを成就させる生き方であろうか。それはどちらも違う。逆に、自分の願いは断念して、自分を神に委ね、神に使っていただく生き方である。

・その人が自分の何かの願望のために握りしめて手離さないものがある間は、神はその人をお用いになることはない。アブラハムはすべての国民の基となるために、約束のたった一人の息子イサクを献げて従った。

〔コラム27〕

◆御国実現に用いられる民

キリスト者が他の人々と違う生き方をするのは、神がキリスト者のために、より大きな目的を、各自に対して持っておられるからである。それを知っている彼らは、神の目的のために、自らの一生を明け渡す。

キリスト者は、人類の歴史の中で神が実現しようとされている事柄とその目的のために、自らの心身を献げる。神は、ご自分の目的達成のためには自らの命を惜しまない者を、ご自身の尊い主要な器として用いられる。(中略)この器の働きを通して、聖なる天の都への道を、神は着々と準備される。

そうであるから、地球上のどの場所であろうとも、真に意義ある活動が行われるのは、この器が存在する場所である。彼らは、神の目的達成のためには、どんな困難があろうとも、厭《いと》わず使命を受けて立つ。命さえ惜しまない。神は、ご自身のこの民を通して、御自身の御心を実現しようとされる。そして、これらの器を通して、被造世界の全体を祝福しようとされる。〔『死と神の国』三八一〜三八二頁〕

「わたしの思いではなく、みこころが成るようにしてください」（ルカ二二42）と自分の命をも差し出す犠牲を覚悟する者でないと、自分を神に使っていただくことはできない。

そこには、尋常でない、できることなら避けたいと願うほどの重い十字架がある。その十字架を神のために敢えて負う者だけが、人知をはるかに越えた神的な生き方をすることができる。その生き方によって、その人の命の持つ価値を超えた尊い人生が、神によって備えられる。

・信仰とは、神の御心と恵みに対して応答する生き方である。この応答とは、自分への啓示者に対し、自分の意志と生涯とを献げることである。自分の意志と生涯とを献げる決心のできない者には、他と比べものにならないほどの高貴で敬虔な生き方を、神から与えられることはない。

・一五四九年にフランシスコ・ザビエルが日本にキリスト教を初めてもたらした時、それは彼一人であった。それから五百年後の現在、百万人にのぼる多くのキリスト者が日本各地に存在するようになった。そして、彼らが日本の各所に地の塩、世の光として配置され、世が腐敗しきることを防ぎ、暗夜の灯のようになって、今も活動を続けている。

ザビエルがそうであったように、神は、たった一人の人間にでさえ、一国が立つか倒れるかの命運を決める力を託される。ある人が神からそのような力を託されるかどうか、それは、彼が神を愛するがゆえに、自ら進んで永遠に神の僕《しもべ》であろうとして、己を献げられるかどうかにかかっている。

◆召命を受けて神に用いられる

・人が自分の力と知恵とを頼みにしている間は、神は偉大な事業のためにその人を用いようとはなさらない。良質高度な人間的教育を受けた上に、さらに神の訓練の時期を加える必要がある。そこにおいて徹底的に自分の無力を知らされ、神以外には頼るものがないことを自覚するまでに育成されなければならない。

自己過信、地位の誇り、衝動的闘争心が取り除かれ、むなしくなった器だけを、神はご自身の事業のために用いなさる。〔コラム28〕

・死ぬことが自分の使命であり、死ぬことを目的として生きる、というような人は、キリストのようなよほど特別な人以外にはいないであろう。むしろ逆に、そのような生き方をする一般の人は、世捨て人であったり、厭世主義者に分類されるような人々であろう。

私たちがこの世に生きる使命と目的は、死ぬことではない、生きることである。自分に与えられた生命を十分に生かして、その活動を通して、神と人とに自分を献げることにある。キリストが私たちに命じられたことも、「全世界に出て行って、すべての国民を弟子とし、命じておいたいっさいのことを守るように教えよ」（マタイ二八19～20参照）であった。

死ぬことはいつでもできる。自分をいかに生かすかを常に考え、全世界に出て行って活動し、自分に与えられた力を発揮したい。

・人の生涯の続く日々の中で、彼にとって最も偉大な日となるのは、どんな瞬間であろうか。それは神と出会い、その声によって、自分の命を何のために献げるべきか、そのために今日まで神によって導かれてきたことを知らされる時日である。私にとってそれは、一九六五年十一月二十日午後四時頃のことであった。

〈コラム28〉

◆モーセに必要だった訓練

王族の一員であったモーセは、四十歳の時に、エジプト人を殺《あや》める失敗を犯した。彼は神よりもまだまだ自分に頼っていたからである。自分の力と知恵を頼みにしている者を、神はそのままでは神の事業のために用いることをされない。彼にはエジプトで受けた教育に優る、神の訓練の時期がなお必要であった。

彼は傷ついた失意のうちに、ミデアンの地へ逃げ、そこで人生の最良の期間である四十〜八十歳の四十年間を牧羊者として過ごすことになった。彼には分からなかったが、しかし結果的にはこの期間こそ、モーセにとってあのエジプトで受けた教育に優る、神の僕《しもべ》としての準備と訓練を受ける最良の期間であった。

神は、むなしくなっていない器をお用いになることはない。神は、この期間にモーセを大いなる主の僕として造り上げられた。単純で広漠とした荒野での生活は、彼の自己過信、地位の誇り、そして衝動的な闘争心を清めていった。

多くの羊を飼うことによって、彼は、我儘《わがまま》で従ってこない弱い民を導くところの忍耐というものが、どのようなことであるかを学んだ。〔『天命に立つ』一一九〜一二一頁〕

4 愛を徹底する

◆人を愛する自分になる

・神を畏れ敬う信仰にあって、一人孤高に生きることは唯我独尊というものであって、信仰者としての生き方の最終到達点ではない。その姿勢が修練途上にある中間点であるというならば、許されることもあろう。だが、僕《しもべ》として神に従う人の目的とする有り方ではない。人生の最終目的点は、神を愛した後に隣人を愛することである。すなわち、自分は神との崇高な霊的な生活に留まりつつも、同時に人々に平安と豊かさを提供するために、身を投げ出して奉仕することである。

・自分が「幸せを売る人」であるか「不幸せを売る人」であるか、どちらのほうが自分自身にとっては幸せであろうか。言うまでもないことである。自分が幸せであるためには、自分自身は「幸せを売る人」であり続けたい。さらに付け加えるならば、物に限らず、どんな事であれ「受けるよりも与える方が、さいわいである」（使徒二〇35）との御言葉を体現していく者でありたい。

神は私たちに左右の二本の手を与えてくださった。私たちはともすると、両方とも神の恵みを受け取る手として使いがちである。だが、少なくとも一方の手だけでも、受けた恵みによって隣人に愛を注ぐ手として使っていきたい。

◆愛して神の国を得る

・誰もが自分のことのためだけに気を遣い、自分の利益の増大のためだけに力を入れるとしたら、世の中はどうなっていくだろうか。病者、弱者、幼児は生きていけなくなり、人々の間には争いが必然的に発生し、国同士の間には争いが起こるに違いない。

イエス・キリストは言われた、「自分を愛するようにあなたの隣り人を愛せよ」（マタイ二二39）と。主イエスのこの「他の人の利益をも考えて生きなさい」との戒めは、決して理想を言っているのではない。自分が平安に過ごすための、人間として生きる基本的なルールを教示したものである。

・人は幸いを求めて日々生活を続けている。さて、人はそのような生活の中にあって、天国のような神の国をこの世に実現できるのだろうか。経済的にそして物質的に満たされさえすれば、幸福な世の中が実現できるわけではない。なぜなら、人間は心を持った高等な精神的な生物だからである。

この地上に天国のような生活空間を実現するためには、人は、個人的にも社会的にも、人を不幸にする根源的なものを取り去らねばならない。すなわち、人を貪欲へと駆り立てる自我愛（原罪）を取り去る必要がある。ところが現実は、人は原罪に捕らわれていて、そこから抜け出せないでいる。精神的な奴隷になっている。

それでは、地上での天国の先取りの幸福を、人類は永久に諦めざるを得ないというのだろうか。その必要はない。そのために、神は人を慈しんで世に教会を据えられ、現在に至るまでそして今も、十字架による解放の宣教が続けられている。

・原罪からの十字架による解放を受けた初代教会が、幸いな神の国を先取りしたという事実が、次のように使徒行伝に記されている。「信じた者の群れは、心を一つにし思いを一つにして、だれひとりその持ち物を自分のものだと主張する者がなく、いっさいの物を共有にしていた。……彼らの中に乏しい者は、ひとりもいなかった。……そしてそれぞれの必要に応じて、だれにでも分け与えられた」（使徒四32〜35）。

原初の教会の人々は、心と思いを真摯に一つにしていた。このように神を愛することと隣り人を愛することにおいて、思いを一つにして生活を続けるならば、この地上にも天国のような幸いな共同体を実現させることができる。

◆敵をも愛する

・自分に立ち向かってくる悪に対して勝利する方法は、自分も同じように立って抵抗応戦することであるか、というとそれは違う。沈着冷静にして静かに相手を見詰めてあげることである。敵から心乱されることなく、悪を為してくる相手へ祈ってあげることである。落ち着いて忍び、赦し、受け入れてあげることである。こうすることによって相手の頭に燃え盛る炭火を積むことになる（ローマ一二20参照）。その先においては、最後に相手のほうが降参し、脱帽してくる。善をもって悪に勝ったからである（同一二21参照）。

・山上の垂訓（マタイ五2〜七27）の実行は、確かに難しい。不可能であると言っても許されるかもしれない。右の頬を打たれたら、左さえも向けて気が済むように打たせてあげる（同五39参照）。これは、狭い門そのものである。自分を迫害する者のために、滅びないように祈ってあげ、敵をも赦して受け入れてあげる（同五44参照）。これは確かに細い道である。

しかし、これらのことは不可能なことだと言って従わないならば、私たちにとって、主イエスの言葉は何の意味もないものになる。一般の人々には不可能なことのように思えても、キリストの愛を知った者にとっては、これらのことを実行することが可能になる。

5　神の時を待つ

◆確信をもって祈りを積む

・弟子たちは問うた。「わたしたちは、どうして（癇癪の悪）霊を追い出せなかったのですか。」これに対し、主イエスは答えて言われた。「このたぐいは、祈《いのり》によらなければ、どうしても追い出すことはできない」（マルコ九28～29参照）。この答えは、彼らに何が欠けているのかを教示された主イエスの諭しである。

祈りは、神との交わりにある私たちの呼吸であり、神への信頼なくしてはできない信仰行為である。神は祈りにおいて約束してくださったそのことを、必ず成就してくださる。この確信のある者だけが、心を込めて祈ることができる。

もし私たちが、人間業《にんげんわざ》では不可能と思えるほどの事柄を、主から成していただきたいと願うならば、それを全能の神へ祈ることである。そうすれば、信じる者へ、神は神の全能の力をもってそれを実現してくださる。

・祈りが直ちに応えられるとは限らない。今すぐに応えられないのには、次のような理由があるのかもしれない。

①神がそれを与えるためには、私たちにまだ成長し鍛錬されなければならない部分が残っている。

②あるいは、私たち自身には備わっていたとしても、関係する周囲がまだ整えられていない。

③そのために、今応えてしまったら最大の効果が発揮されない。神は応えるべき時をご存じである。神がなさるすべての業《わざ》には、神の時があるということに信仰を堅く持っていきたい。

◆神の時まで約束を待つ

・神は、私たちに約束を与えてくださったからといって、それをすぐに実現させてくださるというものではない。アブラハムへの約束では、四世代先の四百年後の未来に実現するという契約さえある（創世一五13、16参照）。

多くの人は、自分に与えられた神の約束が、すぐにも実現しないと、待てずに、約束を疑ったり約束実現を諦めてしまって、自分のほうから約束を離れて、神との契約を反故《ほご》にする場合がある。これではどんな約束も実現しない。

神には「神の時」というものがある。神が定め、神がご計画されている時である。私たちに必要なことは、神からの約束を信じて、サタンから来る不信を払いのけ、約束実現の時をいつまでも望み続けて待つことである。神が定めた最善の時を待つことである。そうするならば神の最高が実現する。

・ある人が成功するかしないのかの分水嶺は、約束実現まで祈り続け、それを信じて待てるかどうかにかかっている。その教訓を若きダビデの生き様に見ることができる。ダビデが王になるとの約束を主から受けて、それから二十数年後にそれは実現している。それまでの間には多くの困難があった。神の時を待つことができずに自分で手を下してしまうような人には、神の栄光が現れる機会も失われる。

・自分の身近に起こる数々の事件や情勢変化に心を惑わされてはならない。神の約束が実現されるために私たちに必要なことは、信頼と忍耐である。外部からどんな妨害があろうとも、またどれほど時間がかかろうとも、神の計画は必ず成るものである。このような信仰の持ち主に対してのみ、神の約束の大勝利は成就する。「もしおそければ待っておれ。それは必ず臨む。滞りはしない」（ハバクク二3）と約束されている。〔コラム29〕

・誰が見ても不可能なことを、なおも望みを捨てずに、それが成就すると信じること、これが信仰である。神には神が定められた時がある。

〔コラム29〕

◆待つ者にもたらされる勝利

神は私たちを何らかの目的のために選び出してくださった。それだから、神は栄光のために私たちを用いようとされている。私たちに与えられたビジョンは大きく、神の私たちへの期待も、それに沿って大きい。

しかし、そうは言っても、現実は全てが期待したように順調に展開されるわけではない。それに見合った実力が現在の自分に備わっているのかどうかも心配である。実現までには長い道のりが必要である。その道のりは、振り返って見る者には短いのだが、これから行おうとする者には長く感じられ、その先には艱難《かんなん》も待っている。（中略）それでも、神の御旨は必ず成就する。その確信を持ち続けられるものは幸いである。いや、この確信を持ち続け得る者にだけ、神の御旨は成就する。なぜなら、神に信頼し、神に従い続ける者にだけ、神は神のご計画を成就してくださるからである。

神の摂理が間違うことは一度もなかった。どんな妨害があろうとも、またどんなに実現までに時間がかかろうとも、神のご計画は必ず成る。〔『天命に立つ』三一四〜三一五頁〕

る。この神の時を信じることができない者、そして待つことができない者には、神の約束が成就することはない。〔コラム30〕

◆信じ委ねて待つ

・神は私たちに、神が成就してくださるところの約束を与えてくださる。その約束は、ほとんどの場合、内容は示されたとしても、実現の時期の明示がないことである。

神からの約束を受けて重要なことは、「信じて待つ」ということである。なぜなら、実現の時期は私たちには隠されて、神の御心の内にあるからである（使徒一7参照）。成就してくださるには、神ご自身の定められたご計画がある。そうであるのに、人は自分に与えられた約束を待ち切れずに、自分で手を打ってそれを実現しようと行動してしまう。その結果得るものは、神が約束してくださったこととは全く別の、人間的なものを得ることになる。アブラハムがハガルによってイシマエルを得たようにである（創世一六15参照）。

心から信じて黙して待つことができない者は、神の約束の獲得に失敗する。

・人は性急に報いを求めやすい。正しい人への報酬、悪い人への懲罰などを。だが、人の時と、神の時とは異なる。神が義なる方であるので、必ず神の報いと懲罰は来る。神の善悪への審きは必ずある。義への報いが遅いといって落胆する必要は全くないし、悪人が栄えていると訝《いぶか》しがる必要もない。神の審きは、自分の生きている間には来ないかもしれない。しかし、後になって審きの時は必ず来る。私たちの側としては、時が良くても悪くても、自分の最高善を為すことに焦りがあってはならない。

・信仰生活において、一般の人々が採る方法と比べた場合、自分で選んだ方法のほうが、愚かで邪道であるか

〔コラム30〕

◆望み得ないものをなお望む

アブラハムはどのように信じたか、「彼は望み得ないのに、なおも望みつつ信じた」（ローマ四18）。信仰はこれが大切である。望んでも、誰が見ても不可能なことを、なおも望みを捨てず、それが成就すると信じることである。

「およそ百歳となって、彼自身のからだが死んだ状態であり、また、サラの胎が不妊であるのを認めながらも、なお、彼の信仰は弱らなかった」（同四19）。現状や現実を見ていないわけではない。現在の条件がどんな状況にあるかは、十分によく弁《わきま》え、認識している。だからと言って、その認識が自分の信じる信仰を弱めるようなことはない。現実・現状と神がされようとしていることとは別物である。このように確信していた彼の信仰は、弱るようなことがなかった。

「彼は、神の約束を不信仰のゆえに疑うようなことはせず、かえって信仰によって強められ、栄光を神に帰し、神はその約束されたことを、また成就することができると確信した」（同四20〜21）。彼は、自分が無に等しく、何の力も何の可能性も残っていないことを知っていた。だから今後何が起ころうと、神が神のご意志によって、神の力でなさることであり、自分は神のあわれみによって、その恵みを受けるだけの者であることを知っていた。

このような信仰のもとに、彼は、将来起こることを決して疑うようなことをせず、神にはできる、神が必ず成就してくださると確信していた。結果は、約束とその信仰のとおり、アブラハムは継嗣《けいし》イサクを得ることになった。〔『天命に立つ』九九〜一〇〇頁〕

のように見える場合がある。だが、それがかえって正道であった、という体験をすることがある。すなわち、自分が人生の大きな危機に直面した場合に、自分の考えに従って何かの人間的な策を施すというのではなく、むしろ逆に自分では何もせずに、祈って神に委ねるという方法を採るときである。このようにするには勇気と忍耐に支えられた堅い信仰が必要である。

第4章　篤信者としての生活

序　徳を希求する

私は「徳」という言葉を好む。その理由はいくつかあって、中・高生時代に中国古典に親しんだこと、大学時代にギリシヤ哲学や中世の聖人たちの文章に接したこと、その後、聖書にも「キリストの満ちみちた徳」（エペソ四13）、「力の限りをつくして、あなたがたの信仰に徳を加え（なさい）」（Ⅱペテロ一5）などと取り上げられていることなどからである。

人の一生の目標は、神の像《かたち》（創世一26）に戻ることであり、神の聖・義・愛の属性がその人の内に実を結んで、品格となることである。徳とは、品性として人の上に形造られる善良、純粋、高潔などの性質のことであり、敬虔な信仰に神が付与してくださる道徳的卓越性である。

ギリシヤ哲学では、「枢要徳」といって、賢明、公正、剛毅、自制の四つを挙げ、中世神学でもこれを「四主徳」として認めている。キリスト教では、これに「対神徳」として、信仰、希望、愛（Ⅰコリント一三13）を加えている。一般にはこれらを合わせて「七元徳」と称している。

私は、キリストのうちに満ちみちた徳の具体的な生活上での現れは、御霊による九つの実であると理解している（ガラテヤ五22～23参照）。すなわち、

①神を愛し、神から愛される「愛」、

②神との交わりからくる希望の「喜び」、
③罪赦されて神との和解のうちに在る「平和」、
④隣り人を寛《ひろ》い心で受け入れる「寛容」、
⑤隣り人を優しく見守る「慈愛」、
⑥常に良いほうに考えて、隣り人を受け入れる「善意」、
⑦神にも人にも誠実に接する「忠実」、
⑧いつまでも自分の意見に拘《こだわ》ることをしない「柔和」、
⑨何ごとも過度を避け、規則正しい生活をする「自制」、
この九つの徳である。

キリスト者が主キリストの似姿に近づくことを願って生涯を歩み、神の道徳的属性である聖・義・愛を希求して生活を続けていくならば、神は、以上の九つの徳の実を、聖霊を通して、その人の上に品性として結ばせてくださるであろう。このような期待と願いとを持って、私は日々の生活を送っている。

1　キリストの徳に達する

◆徳に達するように修養する

・人生の成功には、外面的成功と内面的成功がある。外面的な成功は、仕事や事業に成功することである。内面的な成功は、この地上において、自分の人格に高貴な徳を結実させることである。
聖《きよ》さ、義《ただ》しさ、愛という三つの神の属性は、目には見えない。しかし、この目に見えない神の聖・義・愛

を少しでも身に修めた者は、それが外ににじみ出てきて見えてくる。外ににじみ出て外面に現れてきたものが九つの「御霊の実」（ガラテヤ五22）と言われるものである。内面の成功者には、御霊の実が結ばれている。御霊の実は、人が主キリストにしっかりとつながっているときに、神が聖霊を通して聖・義・愛を注ぎ込んで結ばせてくださる徳である（ヨハネ一五5参照）。〔コラム31〕

・幸せを約束してくれる生活の仕方は、放漫ではなく節制である。自分の欲するままのことを際限なく続けていたら、身体は壊れてしまう。また、精神も正常さを失ってしまう。神の規律に従って自分を制するならば、心身の健康は保たれ、人格も涵養される。

・聖徒パウロは、コリント人への第一の手紙で、次のように言う。「（私は）わたしを強くして下さるかたによって、何事でもすることができる（し、貧にも豊にもなりたいようになれる）」（ピリピ四13）。そして、どのようなことをしたいのか、私には「すべてのことは許されている。し

〔コラム31〕

◆九つの霊の実による証明

主と同じ姿に似せられ、キリストの満ち満ちた徳の高さにまで至った者の態度、ものごし、品格、徳性とは、どのようなものであろうか。それは聖霊の実を結んだ者の姿である。

霊の実は、「愛」という一つの言葉でくくられるところの別々の九つの実であると、ガラテヤ人への手紙には書いてある。その九つは、三区分にできて、神との関係の最初の三つと、隣人との関係の中間の三つと、自分との関係の最後の三つである（ガラテヤ五22〜23参照）。（中略）

この地上においてきよめられ、主と同じ姿に似る者となったキリスト者は、これらの九つの霊の実が、その身に成就しており、その実が聖徒であることを証明する。〔『クリスチャン人生　瞑想録』二七八〜二八〇頁〕

かし、（何をしてもよいのだが、その行った）すべてのことが（自分や人々に）益になるわけではない。（どこで、何のために、どのようなことをして、人々に貢献するのかの）すべてのことは許されている。しかし、（何をするのかの自由と、それを成し遂げる力とが自分に与えられたとしても、行った）すべてのことが人の徳を高めるのではない」（Ⅰコリント一〇23）。

人には何でもする自由があって、いろいろなことを行うことができる。しかし、その言動のすべてが必ずしも、自分と人々の徳を高めるようにするわけではない。そうであるから、私たちは、人生の各年代各時点で何かを為そうとしたときに、自分に与えられた自由と力量と時間とを、「キリストの満ちみちた徳の高さにまで至るため」（エペソ四13）に用いるようにしたい。

◆より高い徳に至る

・主キリストが私たちに与える「くびき」には二種類ある。一つ目のくびきは、「わたしのくびきを負うて、わたしに学びなさい」（マタイ一一29）と言われたように、イエス・キリストから学ぶことである。別の言い方をすれば、キリストを見倣い、キリストから指導を受け、弟子として訓練されることである。このくびきを通して、キリスト者は、神の御子に従うにふさわしい品格を持った人物へと整えられていく。

第二のくびきは、使命である。その人特有に、神の御旨として生きている間に果たすべきこととして委ねられた事柄へ、自分の命を使うことである。

この二つのくびきは、主キリストが共にいてくださるので、たいへん負いやすく、軽いものになる（マタイ一一30参照）。〔コラム32〕

・社会には各種の学校が存在している。そこではいろいろな知識や技術が教えられ、また心身の鍛錬がなされている。それでは、教会では何を教え、何を訓練し、どんな実を結ばせようとしているのであろうか。それは一言で言えば品性である。神の聖・義・愛を基とした品性がどんなものであるかを教え、キリストの徳に倣うように導き、修練し、育成する。そして成った品性を生活で実行するように勧め、社会の人々に見えるように行動で示すように奨励する。

・人生の最高の目標は、自己実現であると考えやすい。しかしそうではなく、自己超越である。自己完成としての自己超越は、自分が自分になることではなく、さらにそれを超えて、自分がキリストの似姿に達することである。自分の限界を超

〔コラム32〕

◆くびきを負うことからの充実

キリストの弟子になって、第一の「わたしの（与える）くびき」（マタイ一一29）としての指導と訓練を受けるようになると、間もなく、自分の内の霊が目覚めて、自分が何者であるかを知るようになる。自分はどこから来てどこへ行こうとしているのか、自分は何のために生きているのかを確信する。すなわち、自分は何のために創られた者であり、神にあってこの時代に生を受け、時の流れの一つの時期に肉体を与えられてこの世に出現し、やがて肉体が滅んで死を迎えた後に、自分に与えられた霊は、再び神の許《もと》へ帰って行く。この世にいる間は、与えられた生気を最大限に発揮して、神の栄光を現すために生きる。

そして、第二の「わたしのくびき」、すなわちこの世で負うべき新しい荷（自分にだけにあたえられた使命）を負って、生涯を歩んで行く。主キリストから与えられたその人固有の使命は、遠大で重要なことであるのだが、決して重くはない。主が共にあって負ってくださり、助けてくださり、喜びに満たされつつ担っていくことになるからである。〔『知慧に生きる』二三九頁〕

〔コラム33〕

◆自己実現では足りない

人生において人の目標とすべきは、自己完成としての自己超越である。自己を超越してキリストに似て、御国に達することである。ここにおいてはじめて人は自己を完成させたことになる。

自己実現したとしても、卑しい、取るに足りない自分から抜け出せていなかったら、何の得になろうか。この地上で最高に自分を実現させたとしても、地上に捕らわれている身であったなら、何の益があろうか。

取るに足りない塵灰にも等しい自分が、自分の内に自分に代わってキリストに住んでいただき、自分がキリストの似姿にまで変えられるなら、これ以上の人間としての完成はない。肉をもって死して地の塵に帰るしかない自分が、永遠に神の国に住める者とされるなら、これ以上の幸いはない。

自分の力も、この地上の富も、どれほど多く獲得し、どれほど大きく発揮したところで、たかが知れたものである。

また、その一つさえ、死の先へ持って行くことはできない。なんとしても、人は自分を超えた者にならなければならない。〔『クリスチャン人生　瞑想録』二三三〜二三四頁〕

えて、神的領域に生きるまでになることである。〔コラム33〕

・白髪は聖書では「光栄の冠」と言われ（箴言一六31参照）、積年による知恵や威厳を示すものとされる。しかし年齢ばかりが進んで、それに人徳という実質が伴っていなければ、かえって恥辱を暴《さ》らすことになる。正しく清く生きることによって、老年の「光栄の冠」を戴くにふさわしい者になりたい。

2　世から聖別される

◆世の評価に煩わされない

・私たちの活動に対する有益性の評価と栄誉の付与は、人々から来るのではなく、天の父から来る。だから人々からの評価を気にしないがよい。また期待しないがよい。それよりも、神を信じる人は、神が全能者としていますことと、神が報いてくださることのほうを、必ず信じるものである（ヘブル一一６参照）。

・キリスト者であるがために愚か者と評価されても、気に留める必要はない。評価するその人がまだ真理を知らないのだから。また逆に、自分が相当な人格者だと評定されたとしても、信用しないがよい。本当の評価基準を知らないのだから。人の判定に一喜一憂するよりも、神の前に真摯に淡々と人生を歩むことのほうが、どれほど重要かしれない。

・人の一生の最終到達目標は何か。もちろんこの世に期待したり、この世に長居をすることではない。いずれかの日に、神の御許《みもと》に確実に到達することである。

〔コラム34〕

◆養ってくださる神

三年半の間、旱魃《かんばつ》で大地を飢饉が覆った期間、神はエリヤをからすとやもめ女によって養われた。これは常識では考えられないことである。あの卑《いや》しいからすが人のためにパンや肉を日に二度、それも一日も欠かさず運び続けてきて人を養う。また極貧で今からこれを最後に死のうとしている子持ちのやもめが、大の男を養い続ける。このような常識では納得できないことが起きてくる。これが信仰である。

キリスト者が社会に出て、神の言葉を語り、聖徒にふさわしい生活をしようとするならば、大きな闘いがある。時には生活を賭けたり、命を懸けなければならない場合もある。それでも人に従うよりも神に従いたいと、徹底的に神に従うことをする者には、神が責任を持ってくださる。神が神の方法をもって守ってくださる。このように私が固く言えるのは、私自身が実社会でこのことを実際に体験してきたからである。

からすに養われ、かめの粉は尽きず、びんの油も絶えないのを見て、自分を養っていてくださるのは神であることを、エリヤは心底知った。どんな艱難《かんなん》、どんな迫害の中に置かれようとも、神に従う者には、人の考えの及ばない手段をもってしてでも守り、養ってくださるのが私たちの神である。〔『天命に立つ』三六三〜三六四頁〕

◆世を達観して生きる

・賢者は期待を世に置かない。すなわち、地位、名誉、金銭に頓着しない。これらが有っても無くても、御国には関係ないことを十分に知っているからである。

・人々から名誉を受け過ぎると、幸福になる機会をそれだけ削がれる。それは、神と交わる時間を奪われ、また信仰を深める心の真摯さに損傷を受けるようになるからである。加えて、過分な富を持つことも、精神の自由を奪う足枷《あしかせ》となるから、注意が必要である。

・エリヤは、世に飢饉という神のさばきが下っている間、からすに養われ（列王上一七6参照）、「かめの粉は尽きず、びんの油は絶えなかった」（同一七16）。このように、自分を養ってくださるのは人ではなく、神であることを知った者は、神の道を選んでそこを歩むことから離れない。どんな患難が襲ってきてもである。キリスト者が社会で聖徒にふさわしい生活をし、正しいことを行いかつ語るには、大きな闘いがある。それを止めさせようとする世の勢力との間に、激しい戦いがある。時には生活や命を賭けねばならない場合さえある。それでも人に従うよりは神に従う（使徒四19）という行動を採る者には、神は最後まで責任を持ってくださる。「死に至るまで忠実であれ。そうすれば、いのちの冠を与えよう」（黙示録二10）とある。〔コラム34〕

3　賢く邁進する

◆熟慮しながら生きる

・信仰の先に、神は豊かな神の国を約束される。その信仰を始めようとする者は、始める時点で二つの確認が必要である。一つは、畑に財宝が隠されていることを知った人は、その畑を買うために、全財産を売ってでも元手を作って、それでその畑を自分のものにする（マタイ一三44参照）。すなわち、信仰を持つ最初に、他人が訝《いぶか》しがるほどの大きな犠牲を払うだけの覚悟ができているかどうかである。この覚悟ができていないと、隠されている宝を得ることはできない。

二つ目は、戦う相手を前にして、王はそれに勝てるだけの兵糧と気魄を準備できているかどうかを、前もって確認することである。勝てる見込みを得たときにのみ戦いに出て行く（ルカ一四31参照）。信仰は霊の戦いであり、先行きには大きな困難が待ち構えている。自分の決意や覚悟もなく、ただ闇雲に楽しそうに見えるからといって信仰に出陣して行って、途中で敗退するならば、世の人々の笑いものになる。

このように、人生の幸福と成功に向かって歩み出そうとする者は、始める前に、ぬかりない事前調査と慎重な検討が必要である。

・人が幸福になるために、弁《わきま》え知っておくべきことは何であろうか。何を念頭において日々の生活を送っていかねばならないだろうか。それは、

①自分に対する神の御旨はどのようなことであるか。

②キリストの言動を鏡にして、自分がこれからしようとしていることで、何が善であるか。

③神の像《かたち》に戻ることを目標としていて、どのようにすることが神に喜ばれることであるか。

④キリストの似姿を望みつつ、何を選ぶことが全きことであるか。

これらを認識しつつ、日々の生活の中で己《おの》れの生を歩むことである（ローマ一二2参照）。〔コラム35〕

・世にあって成功に導くに必要な要件が三つある。知恵と力と富である。ゆえに人はこれを多く獲得することに努力し、獲得すれば安心し、誇りにもする。だが聖書では、これらに頼りすぎないようにと警告する。な

ぜなら、これらは有限であり、また、この世でしか通用しないものだからである。誇るべきは十字架以外にあってはならないとまで言う（ガラテヤ六14参照）。

◆勇気を持って進む

・自分が信念として持つ信条を貫いて進むためには、どんな批判や辱《はずかし》めがあっても、じっと耐え忍ぶ忍耐力と、私情を捨て心身を主に委ねて時を待つ信仰が必要である。世人の常識に歩まず、神の示す道を行くには、そこには人々からの恥辱も誤解も迫害もある。これを甘んじて受ける覚悟ができていないと、崇高な神の道を行くことはできない。

・通してはならない不正が横行する世である。これに対して、沈黙していてはならない。人はとかく沈黙すべき時に沈黙せず、沈黙してはならない時に沈黙する。不義を見て見ぬ振

〔コラム35〕

◆神が人に求められること

パウロは、「何が神の御旨であるか、何が善であって、神に喜ばれ、かつ全きことであるかを、わきまえ知るべきである」（ローマ一二2）と言っている。それでは何が神の御旨で、善であって、喜ばれ、全きことなのであろうか。

まず第一に、神の御旨として神が人に求められる最重要なことは、神が意図されて人を創造されたときの御旨である。「神との愛の応答関係」に入るように創られたことへ、人がキリストを通して立ち返ることである。

次に、どのようなことが善なのであろうか。それは、人が罪から離れて神に立ち返るための方法を示されたイエス・キリストの行為と心情に倣って、日々行動することである。

第三に、「神に喜ばれ、かつ全きこと」とは、イエス・キリストに倣い、イエス・キリストに似るようになり、神の像《かたち》に戻ることである。〔『死と神の国』二七一～二七二頁〕

りするは勇なきなりである。四つの枢要徳には勇気と正義の二つがあることに励まされたい。己が身の安全を望んで、不正に対して沈黙することは、主の道を歩む者の態度ではない。主イエスも、宮の庭で動物犠牲を高値で売る汚しごとに、義憤をもって宮潔めをされた。

・神の前にあって、私たちは可能性がまだ残っているうちは信じるが、可能性が全くなくなると信じなくなる。そのような態度であっては、神を信じ信仰を持っているとは言えない。そのような信じ方だとしたら、いったい何を信じているというのだろうか。可能性のほうを信じていて、全能の神は信じていないというのではなかろうか。不可能性を可能にしてくださるのが神である。これを信じて従い待つのが信仰というものである。私たちの神は、人知を遥かに超えて、私たちの信じられないことを成就してくださる神である。

◆各年代で戒命に従う

・「あなたは国を出て、親族に別れ、父の家を離れ、わたしが示す地に行きなさい」（創世一二1）、「恐れてはならない、わたしはあなたの盾である。あなたの受ける報いは、はなはだ大きいであろう」（同一五1）、「わたしは全能の神である。あなたはわたしの前に歩み、全き者であれ」（同一七1）。

これらは、主から祝福を受ける約束を得て歩む者の、人生の各段階における神からの戒命である。この勧告に各ステップで確実に従う者には、アブラハムのように、大いなる祝福を与えられる。

すなわち、第一段階は、現状から脱却して扶養者から離れ、自分一人で生きていける者になること。第二段階は、神だけを畏れ、どんな課題にも恐れを抱《いだ》くことなく、勇猛果敢に突き進んで、前途を切り拓いていくこと。第三段階は、神が全能であることを真底信じて、自らは神の前に落ち度のない全き人間として歩みを進めることである。

・キリスト教は、決して不断の幸福を約束するものではない。だが、常に世に勝つ平和は約束している（ヨハネ一六33参照）。実際に信じる者は確かにこれを体験しながら生きる。

4　現在を賢明に生きる

◆世の光として生きる

・キリスト者も教会も、人類何十億人という人口と、人が地球の全表面に広がった世界から見れば、存在の確認が難しいほど僅かな存在である。しかしイエス・キリストが、「あなたがたは、地の塩である。……あなたがたは、世の光である」（マタイ五13～14）と言われた言葉は、厳然として光彩を放っている。

キリスト者も教会も、現状の社会や制度から見れば、重きが置かれない小さい存在であるかもしれない。また、実社会には冷淡がはびこり、純朴で正しく生きようとする者が、その希望を奪い取られ、苦しみの中に放置されているということも現実である。

そのような現状にあったとしても、地は、キリスト者と教会によって生き延びていることも確かなことである。暗き冷たい社会は、地の塩、世の光としてある者によって、塩付けられ、温かさを与えられ、光明に照らされて、かろうじて保持されている。そして、この世は滅亡に向かうことを免れている。

こころ貧しく、悲しむ、取るに足りないと評価される人々によって、世は腐敗をまぬがれ、地獄に落ち切らないで、何とか保たれている。世が蔑《さげす》み、迫害し、卑しい者として取り扱っている者によって、この地は生かされ、変革に与《あずか》り、発展を続けている。

このようにして、無きに等しいと評価されるキリスト者と教会は、無力であると目されながらも、地の塩、世の光としての大きな働きを確実にし、社会にとって無くてはならない不可欠なものとして存在している。

〔コラム36〕

・すべての場所が光ばかりであって、もはや暗い所や影が全くない、そのような時空は、天国以外に期待できない（黙示録二一23参照）。この地上には、どこかに冷たい闇の部分があって、光の射さない暗い場所がある。それを覚悟して生きていかねばならないというのが、現実のこの世の地上である。

だからこそ主イエスは、キリスト者に命ぜられる、「あなたがたは、世の光である。あなたがたの光を世に輝かせなさい」（マタイ五14、16参照）と。

◆今日を精一杯生きる

・私は今日の今を楽しむ。現在に在《あ》るを悦ぶ。なぜならば、主は私に現在という時とこの場所を与えてくださったからである。主は私に一つの命を与え、歴史上のあの時のあの場所に生きるのではなく、また未来のあの場所のその時に生きるのでもなく、今、現在のこの場所のこの時代に、精一杯盛んに生きるようにと与えてくださった。

今の時と場所を蔑《ないがし》ろにして逃がしたならば、私には二度と、この世で生きる時間と場所はない。だからこそ、私は、現在がどんな状況であろうとも、今という時と場所とを重用して謳歌する。

・力強い信仰生活を続けていくためには、日々繰り返される細々《こまごま》とした問題に心奪われたり、煩わされていてはならない。思い煩って精神が心の内に閉じ込められている間は、外へ向かって為すべきである偉大な業《わざ》は

〈コラム36〉

◆キリスト者によって生かされる地

こころ貧しく、悲しんでいた者が、神に受け入れられ恵みに満たされた瞬間、彼らは地の塩、世の光となる。彼らなしでは地は生き延びていけない。彼らなしには、世は裁きがあるだけである。彼らは、地にとって絶対になくてはならない高貴な宝である。

神によって地の塩とされ、世の光とされた者によって、この世は滅亡をまぬがれ、サタンの支配する地獄へ落ち切らないで、ある一定水準にかろうじて停まっている。地が蔑《さげす》み、迫害し、卑しい者・虚弱な者と取り扱っている者によって、地は生かされている。

イエスが、「あなたがたは、地の塩である。……世の光である」（マタイ五13〜14）と言われるとき、キリスト者は自分が地に遣わされていることを自覚しなければならない。顔を御国にだけ向けるのではなく、悲惨なこの地にも向けなければならない。イエスがキリスト者に、「あなたがたは地の塩、世の光である」と言われる時、キリスト者は天国へ向かう足を百八十度回転させて、地に出て行かなければならない。

イエスは、ご自身が塩であり光であるように、同じ働きをキリスト者に委託される。地の塩であり世の光である働きを負うて、日々歩むことを命じられる。「全世界に出て行って……福音を宣べ伝えよ」（マルコ一六15）と、キリスト者に全地を委ねられる。ここにキリスト者の存在意義がある。〔『知慧に生きる』九四〜九五頁〕

思い浮かばず、行動に出てこない。

日々の諸々の問題に思い煩うことから解放される秘訣は、今日一日を精一杯生きて、明日以降のことはすべてを主にお委ねすることである（マタイ六34）。私たちのすべきことは、まず神の国と神の義を今日求めることである。そして、事ごとに感謝をもって祈りと願いとをささげ、私たちの求めるところを神に申し上げることである（ピリピ四6参照）。そうすれば、神はその信仰に添えて、すべてを取り揃え与えてくださる（マタイ六33参照）。

・私がもし青年時代に、将来の難問が山積する自分の行く道のすべてを見せられていたなら、とても一歩も前に踏み出すことができなかったであろう。明日がどうなるか知らない、今日のことしか知らない。このことは何と幸いなことであろうか。明日のことは明日、主が共にいて取り扱ってくださるとの信頼のもとに、明日のことを思い煩うことなく、今日という一日に全力を注いで生きていく。これは何と効率的で楽しい日々を過ごしていく方法であろうか（マタイ六34参照）。

5　謙虚を力とする

◆むしろ弱さを誇る

・人から侮辱されたとき、あるいは危機に遭遇したとき、または迫害へと曝《さら》されたとき、そして行き詰まりに陥ったとき、人は自分の弱さを感じる。それだけでなく、解決の術《すべ》を見失って、本当に小さく虚弱になる。

だがこの弱さを恐れる必要くない。むしろ自分の弱さを徹底的に知らされ、自覚し、弱い自分に浸るほうがよい。そして絶望に陥るぐらいにまで至るほうがよい。なぜなら人は、そこまで落ち込んだときにのみ、自分に頼ることをやめるからである。そして上を見上げ、「わが助けは、どこから来るであろうか」（詩篇一二一１）と呼び求めることを始める。この叫びと求めがあったときにのみ、「わが助けは、天と地を造られた主から来る」（同一二一２）ことを知る。

だからこそパウロは、「喜んで自分の弱さを誇ろう。……なぜなら、わたしが弱い時にこそ、わたしは（全能の神によって）強いからである」（Ⅱコリント一二９～10）と言う。

・キリストのすばらしさは、能力や権力のある強い人を用いるのではなく、「無学な、ただの人」（使徒四13）と言われるような弱小な人を、あえて選んで神の栄光を現すことに用いられるところにある。「神は、知者をはずかしめるために、この世の愚かな者を選び、強い者をはずかしめるために、この世の弱い者を選び……」（Ⅰコリント一27）とある。だから、自分が弱いことに気落ちする必要はない。むしろ自らの弱さを認めて、それを誇るぐらいにしたほうが、神は用いてくださる。

・キリスト者の誇るべきことは何であろうか。神学に関する学識の深さであろうか。それとも数十年にわたる信仰歴の長さであろうか。これらでないことは明白である。それではキリスト者の誇りは何であろうか。自分の弱さである。自分には知力も体力も精神力も行動力も、何もないと自覚する弱さである（Ⅱコリント一二９参照）。

パウロが言うところの、「わたしが弱い時にこそ、わたしは強い」（同一二10）、このことは確かに信仰においては確かめられる事実である。このような逆説は、実際に手の施しようが全くなくなり、窮地に追い込まれた経験のある者だけが、確信をもって証言することができる事柄である。それでは、なぜ自分が弱い時にこそ、強いのだろうか。祈り求めた神の御手が働くからである。〔コラム37〕

◆高ぶりで滅びを招かない

・人が信仰的に成長しても、最後まで残る罪は高ぶりである、としばしば言われる。滅びたくなければ高慢にならないことである。「高ぶりは滅びにさきだち……」（箴言一六18）とある。なぜ高ぶりや傲慢は、滅びを招くことになるのであろうか。神が求め最も守るべきとして与えられている戒めに反しているからである。すなわち、神を愛す

〔コラム37〕

◆キリスト者の誇り

パウロは決して自分を誇らず、主だけを誇った。キリスト者は自分を誇らない。すなわち、（キリスト者である）自分を誇らない。誇るとすればキリスト者であることを誇る。「キリストにある自分」、「キリストに属する自分」、「キリストに所有されており、キリストの僕《しもべ》となっている自分」を誇る。

キリスト者が何かを誇るとすれば、それは主だけである。キリスト者が誇るのは、自分の弱さだけである。なぜなら、「わたしが弱い時にこそ、わたしは強いからである」（Ⅱコリント一二10）。

本当に窮地に追い込まれて、自分に頼ることを諦めて、神に明け渡し、ひたすら祈るようになった時に、神ははじめて神の方法をもって、その問題の出口へと導かれる。こんなときに本当に、人は「わたしは弱い時にこそ、わたしは強い」ということを体験し、実感する。窮地に追い込まれた経験のない者には、この御言葉は理解できない。

自分が弱くなったときに、真の解決である神の解決が来る。だから、私は「キリストの力がわたしに宿るように、むしろ、喜んで自分の弱さを誇ろう」（同一二9）。〔『クリスチャン人生　瞑想録』八四〜八五頁〕

ることと隣り人を愛することをしていないからである（マタイ二二37〜40参照）。高ぶっている時の状態は、自分だけが在って、神から遠く離れ、神を意識から追い出している。そればかりか、その高ぶりという思いと行動によって、隣人は眼中になく、卑下さえしている。

・「誇る」とは、自分を他人に一目置かせて取り扱わせるために、自分が成した功績や持ち物を人々の前に広げて見せ、自分を他人よりも高位置に置くことである。自分が卑しい取るに足りない者であり、成したことはすべてが神のしてくださったことであると自覚している人は、決して高慢になることはない。私たちが誇ることをしない一つの目的は、人々に気遣いさせず、自分に人々を仕えさせないためである。〔コラム38〕

〔コラム38〕

◆愛は誇らない

人は、自分を他の人の前に誇り、崇めさせたいという誘惑にしばしば駆られる。そうならないように注意し、自己抑制しながらも、時にはそれをしてしまう。しかし、神の前にあって、自分がどんなに取るに足りない者であるか、何の価値もない者であるか、ともすれば厳しく罰せられても当然な者であることを十分自覚している者は、決して誇ることをしない。

過去も現在も、また未来においても、自分の為したこと、自分の持っている物は、すべて神が与えてくださったものであり、また、させてくださったことであると認識している者は、それを人前に自分の成果として語ることをしない。

愛を抱いている者は、人々を見下げ、自分を他者と区別して、自分を他者よりも上に置こうとはしない。崇めるお方は、この世に天の父のみであり、自分を人に崇めさせるなんてとんでもないことである、と自覚している者は、自慢したり誇ったりはしない。〔『愛の完全』五二頁〕

・人は繁栄を願い、幸いを欲する。そして神からの恵みが来ることを祈り求める。それはそれでよい。しかし、ここで注意せねばならないことは、これらを与えられた後の態度である。これらの豊かさに入れられた状態にあっては、人はこれを自分の腕で得たと勘違いし、傲慢になりやすい。神はこれらを与えることも取り去ることもおできになる。人にとって大切なことは、神から与えられれば与えられるほど、初心以上に謙虚になって、願い出た時以上に、神へ服従することに熱心になることである。

◆常に遜《へりくだ》ることを忘れない

・神が赦してくださるからといって、信仰者である私たちは、自分自身で自分を赦すというようなことはしない。常に自分は罪人であると自覚して、罪を犯す可能性がいつも残っていると意識している。そのようにするのは、この世で幸いな者として生きていくためである。さらに天国を自分のものとするために、こころの貧しい者として生きていくためである。このことに関し、「こころの貧しい人たちは、さいわいである、天国は彼らのものである」（マタイ五3）とあるが、これは真実である。

・「神に受け入れられない」、「幸いが来ない」と嘆く者があるか。そのような人は自分を省みる必要がある。神は侮《あなど》られるようなお方ではない。隠れた罪を犯していながら、どんなに何かを神に献げても、神はそれを受け入れられるようなお方ではない。神が求められることは、高価な犠牲や功績ではない。心から悔いた砕けた魂である（詩篇五一16〜17参照）。

・自分はこの世の知識や知恵に長じた者であると自認している人は、「本当の知者になるために愚かになるがよい」（Ⅰコリント三18参照）。そうすれば、真に知らなければならないことを知る者になる。「愚かになる」とは、自分は知るべきことを何も知らない者であると、謙虚になって教えを乞うことである。〔コラム39〕

・私は、創業社長から「酒を飲めない男は、百人の長にはなれても、千人の長にはなれないぞ。酒を飲める男になれ」と勧告されたことがある。これに対して私は、「心配してくださるのに、申しわけない。しかし、これだけはご容赦いただきたい」と願って、その前後の五十年以上の間、今に至るまで酒を口にしたことがない。

世ではそれほど取り立てられるほ

〔コラム39〕

◆自分の知で墓穴に入る知者

知者たちは、「自分は知っている。少なくとも彼らよりも自分のほうが学問を積み、体験を重ねてきたので知っている」と自負し、その自負と得た知識とによって墓穴を掘り、その穴に自分で落ち込んでいく。

なぜ彼らがそうなるのか。（中略）思い上がって、他の知識や見解を受け入れようとしないからである。特に神がお持ちの本当の知識・知恵、神の真理を受け入れようとしないからである。

彼らは高い所に立ち、他人を見下し、自分の見解に同意しない者はみな間違ってると判断する。（中略）自分の意見に反駁でもする者があれば、プライドを傷付けられたかのように我慢ならず、怒鳴り声をあげ、口角泡を飛ばして反論する。自分をいつも絶対的な位置に置いておかなければ、腹が収まらない。（中略）自分だけが正しい、謙虚に相手から学ぼうとすることは、彼の律令にはない。

知者になる唯一最高の道は、愚かな者となることである。自分は神の前に何も知っていないと遜って、愚者になることである。〔『死と神の国』八七～八八頁〕

どの価値あることではなく、常識で当たり前の事がある。しかしそうではあっても、それをしないと世にあって大きな損失を被ることを覚悟の上で、キリスト者には避けねばならない事柄がある。この行き方の違いによって、あるいは世の人々の善意を傷付けることがあるかもしれない。それでもキリスト者には、神の聖と義と愛に懸けて、越えることのできない一線がある。そんな場合に、キリスト者が心せねばならないことは、世の人に深く許しを請う態度である。

◆土の器で仕える

・私たちが自分自身を見て、それが脆《もろ》く壊れやすい無価値な土の器であったとしても、そのことで失望する必要はない。なぜなら器の貴卑は、器そのものにあるのではなく、その器の中に入れられている宝物が何であるかで判定されるからである。その宝物が自分から出たものではなく、偉大な神からのものであったとしたなら、その価値は測り知れないほどに尊い（Ⅱコリント四7参照）。私という器を私で満たすのではなく、私を空《から》にして、神の絶大な宝によって満たすようにしていきたい。

・神の国の民は、必ずしも世に高名であったり有名であるとは限らない。隠れた所で隠れたことを見ておられる神（マタイ六6参照）に仕えているからである。このような神の国の民によって、これまでの社会も国家も支えられてきた。また、これからも彼らによって人類の歴史は造られていくであろう。

・遜《へりくだ》りのない者は、キリストを仲介者として立てずに、神と直接に交渉する。これに比べて、自分は取るに足りない塵灰にも等しい罪深い者であることを自覚して、空しくなっている人は、神と間接交渉をする。常に間に贖い主御子イエス・キリストという仲介者を立てて、神と交わる。

誇りや高ぶりのある者は、キリストという仲介者を邪魔者扱いにし、不必要であるとする。しかし、「自分は神の前にとても出られるような者ではない」と、自分の汚れと卑小さを自覚している人は、贖罪者キリストの名によって祈り、助け主なる聖霊によって神の真理の啓示を受ける。

直接であるか間接であるか、この態度と姿勢のうちに、哲学か信仰かの違いはある。

・立派な家を建て上げる大工さんほど、カンナやノミや鋸《のこぎり》などの用具は、高質なものを使う。そして、よく研《と》いだり整備して、所有している用具を大切に取り扱う。同じように、世の風雪によく耐え、最後の審判の燃える火をくぐり抜けても立ち続けるような、人生という建築物を建て上げるキリスト者（Iコリント三13、14参照）は、建て上げるに必要な用具である聖書を、決して軽く取り扱うことをしない。宝物のようにして側《そば》に置き、大事に取り扱う。

6　御言葉に導かれる

◆聖書に支えられて生きる

・時代や世相によって、物や状況や思想に対する価値観も世界観も変わる。昔は尊ばれた事柄が、現在では見向きもされないということもある。だが真理である神の言葉は、いつの時代のどんな社会においても、変わることがない。聖書に、「天地は滅びるであろう。しかしわたしの言葉は滅びることがない」（マタイ二四35）と宣べられているとおりである。

聖書に関して自分の立ち位置をどこに置くかで、自分の言動が常に揺れ動き、現れては消える泡沫のような世界に生きるか、それともどんな世情が襲って来ても決して動揺することのない、大山のような不動の世界に生きるか、そのどちらかが決まる。

・聖書が示している知恵とは、真理に関する単なる知識のことではない。深さと高さと広さがあり、知恵には［①知性＋②倫理＋③実践］と表現できるものが含まれている。すなわち①真理を理解し、②神の聖に従って高潔を保ち、③生活に応用して実行する力が含まれている。聖書の知恵に与《あずか》れない人は、この①〜③を生活に現すことができない。

◆聖書の言葉で勝利する

・いつまでも悪が発展栄華して最後に勝利するということは、この地上ではありえない。神が見張り、統治されているからである。同じく、善が衰退没落して最終的に破滅に陥る、ということもない。最後の最後には神の審判がある。善は必ず最終的に勝利する。それは過去の歴史が証明して語ってくれている。

・人が堕落していく過程がある。①見る→②欲しくなる→③それを取る→④隠す、である。アカンはこれをした（ヨシュア七21参照）。見てはならないものを見るから罪に陥る。見詰め続けるから引き込まれてしまう。エバもそうであった。「食べてはならない」と命ぜられた善悪を知る木の実をじっと見続けてしまったために、目に麗しくなり、口に入れてしまった（創世二17、三6参照）。〔コラム40〕

・人を堕落させ罪に陥らせるものが三つある。「肉の欲、目の欲、持ち物の誇《ほこり》」（Ⅰヨハネ二16）である。これらの誘惑に勝つ方法がないわけではない。主イエスがそうされたように、キリストがした事に倣えばよい。すなわち、「聖書にはこう書いてある」と御言葉を武器として退治することである（マタイ四4、7、10参照）。

・知恵であるならば、すべてが有用であるかというと、そうとは言えない。浅知恵もあれば、悪知恵もある。同じ一つの知恵であっても、使い方によって結果は良くも悪くもなる。

本物の知恵かどうかを見極める基準がある。聖、義、愛のどれかを満たしているかどうかである。その知恵が、聖、義、愛のどれかに関係して満たしている本物であるならば、必ず神を喜ばせるという結果をもたらす。

〔コラム40〕

◆堕落の過程

アカンはどのように罪に陥っていったのだろうか。それはアカンの白状に出ている。すなわち、①見て、②欲しくなり、③それを取る、そして④それを隠すのである（ヨシュ七21参照）。

罪に陥らないようにするには、見なければよい。それを見つめ、いつまでも見続けるから、それに引き込まれてしまう。見れば欲しくなる。手が出てしまう。

誘惑は誰にも来る。しかし誘惑が来たら、「聖書にはこう書いてある」との神の言葉をもって、誘惑を拒絶すればよいのである。それを自分の意志や力で立ち向かおうとするから、いつの間にか誘惑に引きずり込まれてしまう。自分の力でもってでも拒絶するならまだ良いほうである。多くの場合は、誘惑を喜んで受け入れ、自分からついて行く。

誘惑そのものに遭うことは罪ではない。誘惑に同意するところから、罪は始まる。〔『天命に立つ』二八一頁〕

◆御言葉に忠実に生きる

・一般書籍を読んで、そこに書かれている主張や概念に、私たちが応答しなければならないという責任はない。ところが、私たちの創り主である神からの語りかけである聖書の御言葉に対しては、私たちは応答を求められる。語られた御言葉を受け入れるのか、それとも拒否するのかの応答である。御言葉を聞いたり読んだ人は、応否のどちらにするのか、二者択一の決断を迫られる。聞き流して放置しておくことはできない。

応否どちらにしても、その決断に対しては、責任が伴ってくる。その責任とは、神の導きの下《もと》に入って祝福を受けるか、それとも神から捨てられることを受け入れるかの責任である。〔コラム41〕

・静寂の中に身を置いて、しばしの間瞑想することは、キリスト者生活にとって必要なこと

〔コラム41〕

◆語りかけへの責任

きよめの恵みは、理念でも一般論でもない。神の語りかけであり、神の要望である。全能の神が語りかけ、求めておられる以上は、私たちはそれを右の耳から聞いて左の耳から流し去るわけにはいかない。何らかの応答をする責任がある。そのご要求を受け入れるのか、拒否するのかのいずれかの責任である。

神からの語りかけは、聖書通読の時にか、教会でのメッセージを聞くことにおいてであるか、あるいはディボーションの祈りのうちでか、それはいろいろな場合と方法によってであるが、いずれにしても明確な御言葉か示しによって来る。

どのような場合であろうと、キリストはすでに私たちをきよめると、十字架上から語りかけておられる。このキリストの語りかけに対し、どう自分は応答するのか、それは私たち一人ひとりの責任で決め、どうするのか答えを出していかねばならない。〔『愛の完全』一一七～一一八頁〕

である。だがその場合に注意せねばならないことがある。瞑想によって何かの暗示や気付かされることがあったとしても、それが御言葉によるものでないとしたら、自己の願望から出てきたものか、神秘主義的に酔っているだけの可能性があるからである。

神が御心を示そうとされる場合には、聖霊を通し、たいていの場合御言葉によってあるいは黙示によって告げてくださる。これに従って歩むことが、キリスト者の原則である。

・自らの心の衝動によって災いを招かないために、主の言葉に対しては、細心にして忠実でなければならない。このことは、あの偉大なモーセさえ失敗したことが、私たちに教訓している。すなわち、率いる民のために荒野の岩から水を出すのに、岩に命じなければならなかったところ、モーセは憤りのあまり杖で叩いてしまった（民数二〇7、11参照）。その結果、モーセは乳と蜜の流れる約束の地を目前にして、そこに入れず、命を終わらせることになってしまった（同二〇12、申命三四4～5参照）。

・貧し過ぎることは幸福ではない。今晩食べる物さえ心配しなければならないからである。また、富み過ぎることも幸福ではない。財産をどのようにさらに増やそうかと考え、誰かに襲われたり狙われるのではないかと心配し、金財に心を捕らわれ、気力を吸い取られ、時間を空費するからである。

より幸福なのは、なくてはならぬ食物（御言葉）で、いつも豊かに満たされ、養われていることである（箴言三〇8参照）。

◆怒り続けない

・心に秘めた怒りや憤りは罪ではない。怒りを言葉に出したり行為に表したときに罪になる。罪に陥らないで怒りから解放される秘訣がある。

①対抗や復讐とは逆に、敵に塩を送る。

②事の審きは神に任せる。

この二つをすることである。

そうするには、神に祈って、怒りを神に訴え、ぶつけるのもよい。天の父は事情や状況を十分に理解して、慰めを与えてくださる。そうすることによって、善をもって悪に勝つことができる（ローマ一二18〜21参照）。

・怒りや憎しみを伴っての沈黙を続けることは、精神衛生上よくない。沈黙を破って、相手に自分の意をはっきり伝えるか、事の解決が良きに導かれるよう主に委ねるべきである。怒りや憎しみを伴ってのいつまでもの沈黙は、自分の高潔であるべき精神が蝕《むしば》まれる。そして相手への愛の欠如を表面化させる。

私たちはこのような罪にしばしば陥りやすい。そこで、聖書では次のように諭している。「怒ることがあっても、（許さないという）罪を犯してはならない。憤ったままで、日が暮れるようであってはならない」（エペソ四26）。

第2部

聖書による知恵

第1章 聖書が示す知恵

序 究極的問いに答えてくれる聖書

私は、高校・大学の学びを続けながら、生きる究極的な問いを発しつつ、その答えを賢哲や古典書に追い求めていた。

「自分は何者なのか」と、絶対不動の自己認識を求めた。「自分は何のために生きるべきなのか」、「なぜ今、生かされているのか」と生きる目的を問うた。「どうしたら幸福になれるのか」、「自分はどこへ向かって歩んだらよいのか」と、自分の生き方の根底を求めた。

私は聖書を手にして、その答えを得た。「自分は何者か」に対しては、「あなたは神に愛されている、神の像《かたち》に造られた者である」（エペソ一5、創世一27参照）と。「なぜ今、生かされているのか、生きる目的は」に対しては、「あなたの人生を使って、神の栄光を現すためである」（エペソ一6、Iコリント一〇31参照）と。「幸いを得て、どこへ辿《たど》り着くべきか」に対しては、「神の国へである」（ピリピ三20参照）と。

私は、これらの答えによって、自分の内から出てくる究極的な問いに対して、納得し、渇きが癒やされ、確固として着実に人生を歩み出すことができるようになった。あれから六十年になる。これまでの間に一度たりとも、その答えに疑問を持ったり間違っていたなどと認識したことがない。最善の答えを与えられた、自分は幸せ者だと感謝している。

生きることへの究極的な問いに対して、私に与えられた答えが絶対唯一である、とは言わない。人それぞれ別の答えがあってよい。しかし、少なくとも、自分の生涯を価値あるものとするために、保証と確信を聖書から与えられることは、確かな人生の歩みを進めて行くのに有効である。私はこれを背筋を伸ばして証言する。

1　聖書に教えを乞う

◆聖書に目を開かれる

・人はなぜ生きねばならないのか。生きることに何か意味があるのか。人に託された天命なるものがあるのか。宇宙や地球には、その存在していることに何か意味や目的があるのか。神がいるのかいないのか。いるとしたなら、神とはどんなお方なのか。これらに答えるのはなかなか難しい。

だが、これらの問いへの答えが聖書には書いてある。この答えとしての真理が、自分の一生のどこかで打ち啓《ひら》かれた者は幸いである。彼はそこから人生の歩みを確かなものにする。そして、真実であり確固とした目標に向かって生の躍動を始める。〔コラム42〕

・人が活きいきとかつ平安に生活していくためには、少なくとも次の四つのことが解決されて明確になっていなければならない。すなわち、①生きる目的、②自分の存在価値、③将来の希望、④罪の赦し、である。

充実して幸いに生きていくためのこの四つの課題に、回答を明確に与えてくれるものがある。聖書である。端的にその回答を列記すると、①神の栄光のために生きる、②神によって神の像《かたち》に創られ、神に深く愛されている。③永遠の命が与えられて、御国に住む、④イエス・キリストの十字架によってすでに贖罪されている、である。

何はともあれ、生きていく上で無くてならない四つの課題への回答を、何らかの方法・方面から得て、人間としての尊厳と精気をもって、生命溢《いのちあふ》れて自らの人生を歩んでいきたい。

◆聖書の知恵に浴する

・困難に取り囲まれた人生を歩む者は、しばしば聖書の中に光を見いだす。一度光を与えられた者は、聖書を信頼し、人生の座右に置いて、良き指導者を得たかのようにして、人生の伴侶とする。彼は聖書の示す御言葉によって、どちらに進むべきかの指針を示され、また与えられた神の知恵に従って問題を解決していく。そして、達成と成功の源泉を聖書の中に発見し、力を与えられて多くの課題に取り組み解きほぐし、進展させていく。

・塩は、雑菌の繁殖を抑えいつまでも腐らないようにして、

〔コラム42〕

◆聖書からの閃き

神とは何か、人とは何者か、天地存在には何か意味があるのか。

人は、活動の唯中《ただなか》からしばしば静寂の中に身を置き、悩み多き現実から離れ、ふと我に返って天空を見上げ、あるいは沈思黙考する時、これらの真実を知りたいと魂の渇きを覚える。

これらの真理を知ってその真理の中に自分の身を置くようになると、人は、艱難《かんなん》の中にあろうと、生き甲斐・働き甲斐に満ちた躍動の中にあろうと、再び人生の歩みをさらに確かなものにし、心に平安を得て、目標目指して歩み始める。

このような疑問をもって聖書に接する時、聖書は私たちに応えて、真理の深遠な啓示を与えてくれる。〔『天命に立つ』九頁〕

きよめの働きをする。また火は、混ざり物のある鉱石を精錬して不純物を取り除き、純金にまでする。このように、聖書は知恵を与えて、「人はすべて火で塩づけられねばならない」（マルコ九49）と教えている。人は生まれただけの状態であってはならず、その後に火で塩づけられることによって、本来の人間になっていく。〔コラム43〕

◆聖書から教えられる

・高価で価値ある財宝と言われるものには、目に見えるものと見えないものとがある。往々にして、この世において見えるものよりも見えない財宝のほうが、価値が高いのが一般的である。これを教示するために聖書では、次のように書いてある。「天国は、畑に隠してある宝のようなものである。人がそれを見つけると隠しておき、喜びのあまり、行って持ち物をみな売りはらい、そしてその畑を買うのである」（マタイ一三44）。

天国という高価な財宝は、持ち物を全部売って買

〔コラム43〕

◆自らをきよめる

私たちは死ぬまでに自分をきよめておく必要がある。御国に入るためである。この地上に生きている間に為した悪を悔い改めないままにしておいたり、身体はもちろんのこと、霊においてまでもきよめられていない者は、天の父に喜ばれない。

「人はすべて火で塩づけられねばならない」（マルコ九49）とあるとおりである。火は精錬する火のことであり、聖書においては聖霊の働きのことである。純粋な金を取り出すためには、混じりけの多い鉱石に火（聖霊）を通して、不要なものを取り除き、錬り鍛えねばならない。心も同じである。

塩は腐敗を防ぎ味付けすることから、清める象徴とされる。心も塩づけられねばならない。

人は、この火と塩によって、純粋な魂へときよめられる必要がある。〔『死と神の国』一九八頁〕

い取るぐらいの犠牲を払わないと、自分のものにすることができない。

・乳幼児モーセを手離したがゆえに、モーセが最も安全で最も良質な生活環境と教育を受けさせることができた実母ヨケベデについて言えることがある。「それを握っている間は、解決の道はない。しかし、それを主に委ねて手離すならば、人が思うよりも願うよりもはるかに優れた解決がある」ということである。

・一日一日を大切にして、より良く生きるための知恵の心を得る良い方法がある。自分に残された日を数えることである（詩篇九〇12参照）。〔コラム44〕

◆幸いを聖書に求める

・人が息をしている間中、求め続ける万人共通の事柄がある。それが幸福である。求め続けていながらなかなか得られない。得られないために喘《あえ》ぎながら涙

〔コラム44〕

◆残るおのが日を数えさせよ

若さ漲《みなぎ》る青年の時期、そして活発に躍動を続けている壮年の時期、そんな年代には自分の死など考えることもない。しかし、「一生の過ぎゆくことは速く、流れ星が一瞬きらめいて消えていくように、私たちの一生は飛び去るのです」（詩篇九〇10参照）。

そうであるから、活力に溢れて活動している間のごくわずかな時間でもよいから、死に向かって突進しつつある自分に、残された日々はどれくらいあるのか、それを数える必要があるのではなかろうか。「われらにおのが日を数えることを教えて、知恵の心を得させてください」（同九〇12）と、モーセが願った心を起こすべきであろう。

自分の死ぬまでの日数を数えて日々を生きる人は、今日一日を大切にして生きることができる。今日一日の重みを知って、誠実に生きざるを得なくなる。（『死と神の国』一九七〜一九八頁）

を流す。だが幸いなことに、「求めている幸福はここにあるよ」と手招きして教えてくれているものがある。それが聖書である。聖書は人類への神からの愛のプレゼントとして与えられた、福音が詰め込まれた書物である。

・万人が幸福を追い求めている。だが得られない。このことについて聖書は端的に、次のようにいう。「求めて得られないのは、悪い求め方をするからである」（ヤコブ四3参照）。すなわち、求めている方向や求めている対象が間違っている。だから、得たいと求めているのになかなか得られないのである、と。

・幸福は、幸福を目的として直接求めても得られない。もっと「他のもの」を求めたときに間接的に付いてくる。そのことに添えて与えられるものである。それではその「他のもの」とはいったい何であろうか。「神の国と神の義である」と聖書は教えている（マタイ六33参照）。〔コラム45〕

2　求めるべきものを求める

◆幸福を与えると錯覚しない

・多くの人々のイメージとして持っていることは、幸福になるためには、自分で難関を切り拓き、高峰を乗り越え、努力によって勝ち取るものである、との考え方である。しかし、真の幸福というものは、それを得るためにそれほど労苦せねばならないものではない。

幸福になるためには、それなりの思考と工夫が求められていることは確かである。「棚からぼた餅」というわけにはいかない。しかし、真の幸福は、自分で戸を叩いて次々と開きながらいくものではなく、すでにイエス・キリストによって戸が叩かれているのだから、自分のほうで内側から解錠して、キリストを迎え入れればよいのである。聖書には次のように書いてある。「見よ、わたしは戸の外に立って、たたいている。だれでもわたしの声を聞いて戸をあけるなら、わたしはその中にはいって彼と食を共にし、彼もまたわたしと食を共にするであろう」（黙示録三20）。信仰者として努力すべきことは、その後からのことである。

・マズローの欲求段階説では、人

〔コラム45〕

◆幸福の基《もとい》となる義

万人が幸福を求めている。スイスの賢者カール・ヒルティは『幸福論』の中で言う、「ひとが意識に目ざめた最初の時から意識が消えるまで、最も熱心に求めてやまないものは、何といってもやはり幸福の感情である」（ヒルティ『幸福論 第一部』岩波文庫、二〇六頁）。

人は生きている限り、学習し、働き、努力し、行為する。高邁な理想を求めてであれ、野心からであれ、個人も組織も国家も活動を続ける。その求めの究極は幸福である。勤労や努力の動機であり目的、それが幸福である。だが、それを人は得られない。得られないで落胆し、失望する。「求めて得られないのは、悪い求め方をするからである」（ヤコブ四3参照）と聖書は教えている。求め方が間違っているから、求めるものが得られない。幸福は、直接求めるべきものではない。他のものを求めたときに、結果として間接的に与えられるものである。直接求めるから得られない。他を求めたときに、その求めに付随してついてくるものである。

聖書は勧める、「まず神の国と神の義とを求めなさい。そうすれば、これらのものは、すべて添えて与えられるであろう」（マタイ六33）。（『クリスチャン人生　瞑想録』二一五～二一六頁）

は五段階ある欲求の下段から順次満たされるごとに、上位段の欲求実現を目指す、と説かれており、人の最上最終の欲求は、五段階目の自己実現の欲求である、と述べられている。

世の中では、この自己実現は、自己の才能や個性を自由に最高度に発現させることであり、そのためには生活を豊かにし、権限を意のままに振るえるようにすればよい、と安易に解説され、そのように理解している人もいる。だが、そういうものではない。人が求めるべき最終段階は、さらにその上にある自己完成の段階に及ばねばならない。

自己完成とは、本来の自分を見つけ出し、そこへ向かって自己の人格を磨き上げ、本来の有るべき自分を発現させることである。これを神学的に言えば、その人固有の特質を現しつつも、神の似姿を取り戻すことである。

主イエスはこのことを、次のように言われた。「たとい人が全世界をもうけても、自分の命（本来の自分）を損したら、なんの得になろうか」（マタイ一六26）。「（この世的な）自分の命を救おうと思う者は（結果的に）それを失い、わたしのために自分の命を失う者は、（本来の自分の命である）それを見いだす」（同一六25）。生きている間に失われている本来の自分の命を取り戻して、全世界をもうける以上の価値ある幸いを確得したい。

◆渇きを満たすものを求める

・人類は科学的思考や政治的施策といった各種の手段を用いて、次々と未知の世界を切り拓き、人々の生活を豊かにしていく。この努力と結果はすばらしいものである。だが、どんなに現在と未来の扉を開いていったとしても、心の空虚さを満たすものには、なかなか到達しない。それを満たしてくれるのは、物質的条件の世界ではないからである。それは別の世界、すなわち心の世界、魂や霊といった別の世界である。

真の平安と幸いを求めるためには、追い求め探究する世界の方向を間違えてはいけない。主イエスは言われた、「人はパンだけで生きるものではなく、神の口から出る一つ一つの言《ことば》で生きるものである」（マタイ四4）。この御言葉を深く思いめぐらしてみる必要がある。

・清い水ほど深い井戸に存在する。それを知っているがゆえに、賢哲は諦めずに知恵の井戸に綱を降ろし続ける。そして桶いっぱいに「神のことば」という清い水を汲み上げる（箴言二〇5参照）。桶の中の水は冷たく澄んでいて、大変においしい。そして、命の渇きを止めてくれる。この世の中で、それだけのものを提供するものは、神の言葉以外にない。

◆生かすものを求める

・「人はパンだけで生きるものではなく……」（マタイ四4）。確かにパンが代表する物財や資産だけでは、人間が人間である崇高にして尊厳ある生き方はできない。人間は、生物的存在であるだけでなく、尊厳を持った精神的存在であり、霊的存在でもある。どんなに多く食糧や富を自分のものにしたところで、霊的なパンが供給されなければ、精神は痩せ細り、魂は死地に向かわざるをえない。
精神や魂を養い、成長させるのは霊のパンである。中でも最も力があって栄養価の高いパンは、神の御言葉というパンである（同四4参照）。〔コラム46〕

・聖書は人の生涯に、小説を遥かに超えたドラマを提供してくれる。自分をそのドラマの主人公にさえしてくれる。不安と焦燥と失望しか持ち合わせていない自分を、喜びと感謝と希望に溢れた者にしてくれる。悲しいはずなのに喜びに満ち、迫害の中にあるのに感謝に溢れ、殉教の死を前にしているのに希望に輝く者にしてくれる。

それは、生活の基盤をこの世にではなく、祝福いっぱいの神の国に置き、自分が生きるのではなく、イエス・キリストが自分の内で生きてくださるようにしてくれるからである。原罪を負う力弱き汚れた自分には、何もいっさい期待せず、全能の神に自らを委ねて生きる生活に導いてくれるからである。〔コラム47〕

〔コラム46〕

◆霊的パンで生きる

人は、たとえ飢えによって死んだとしても、それは肉体が滅びるだけのことである。パンの欠乏は、人にそれ以上のことはできない。しかし、魂が死んだら、人は永遠の命を失う。精神は、パンによっては、養われも生かされもしない。霊のパンによって養われ、神の口から出る一つひとつの御言葉によって生かされる。霊のパンを供給されずに栄養不足になって、病に冒《おか》された魂は、ついに死に、永遠の滅びを迎える。

パンという経済的問題は、確かに大切である。これがなければ人間の生命は保たれないし、社会は立ち行かない。しかし、それでは食糧や財産が、人格を持つ人の心の渇きを癒やし得ると言えるだろうか。金銭や社会的資産が、善悪を知る人の罪の痛みを解放すると保証するだろうか。富や生産活動が、人の死の不安や魂の叫びから解放すると確言できるだろうか。

人は、死してもなお生きる霊的存在である。パンだけでは満たされず、物財だけでは生きられない、人間としての尊厳を備えた精神的存在である。神の口から出る神のいのちに満たされた神の言《ことば》によって日々養われ、成長し、高みへと向かって生き続ける霊的存在である。〔『聖潔の探究』三一頁〕

◆御言葉を基盤とする

・物財を代表しているパンだけでは、人は人間として完成されない。人の生が完成されるのは、神の言《ことば》による（マタイ四4参照）。社会的成功としての富、そして名声、権力、知識、技能等は、生活を豊かになし得ても、霊魂をきよめる糧とはなり得ない。神の像《かたち》を表す人格は、御言葉によってのみ養われ、きよめられる。〔コラム48〕

・聖書を教養の一部として読む人がある。そのような人にとっては、山上の垂訓は理想論であり、実践することは不可能な教訓であると映る。だが、キリスト者であって、頑丈な岩盤の上に家を建てる人にとっては、それは実行可能であり、結果は立派な家を建てることになる。しかもその家は、どんな風波・洪水にも流されず潰されないほどの黄金の材料で造られた家である（マタイ七24〜25参照）。

　それでは、そのような家が建てられる岩盤とは

〔コラム47〕

◆キリスト者の喜びの根拠

なぜ聖書が、読む者に感動と感激を与えるのであろうか。それは、悲しいときに喜びに溢れ、迫害のときに感謝に満たされ、殉教の死を前にしても希望を抱きつつ生きる、そういった人々のドラマが展開しており、自分にもその可能性を与えてくれるからである。

この日常とは異なる、常識からは想像できない、力強く生きるドラマの根拠は何であろうか。この喜びと感謝と生命の躍動の根拠は何であろうか。

それは、生活の基盤をどこに置いているかである。この世にか、神の国にかである。何を頼りに生きているのかの違いである。自分をか、イエス・キリストをかである。

自分に根拠を置く者は、不安と焦燥と失望しかない。しかし、神に置く者は、どんな事にも心が動揺させられることがない。失望に終わることもなく、常に平安でいられる。〔『知慧に生きる』四二〜四二頁〕

何であろうか。それはキリスト者なら誰もが知っている「イエス・キリストとその言葉」である。〔コラム49〕

◆聖書の教えに乗る

・幸いは、私たちの思いと行いが神の御旨に合致したときに来る。その神の御旨は、聖書に書かれた行いと言葉とによって示される。例えば、行動によるものとしては、主イエスが弟子たちの足を洗われたとか、パウロが恐れることなく宣教を続けていったという表示である。言葉によるものとしては、主イエスが語られた山上の垂訓とか、預言者エリヤがアハブ王に伝えた警告などが挙げられる。

これらとは別に、行動による御旨の啓示には、奇跡がある。また言葉による御心の開示には、律法がある。さらに一つの表示で行動と言葉の両方を含んでいて、これによって神の御旨を示すものがある。それが譬話《たとえばなし》である。すなわ

〔コラム48〕

◆外面とは異なる心の豊かさ

内面生活は、外面生活とは別に養い育てなければ、成熟しない。どんなに外面生活が立派で権勢があっても、それによって内面生活が育つわけではない。知識を身に付け、技能を養い、大業を成し、富を築き上げ、名声を得、権力の座に着き、社会的に功成り名を遂げたとしても、そのことによって心が養われ、豊かになるわけではない。心は心の糧によってのみ、養われる。

神の口から出る一つひとつの言《ことば》。それは聖書に書いてあり、神の人への思いとご意志を表した御言《みことば》である。この御言によってのみ、人の心は養われ育てられ、豊かにされ、愛に満たされ、きよめられていく。

多くの人は、その人が社会的に立派に成功していると、心まで豊かで立派になっているのではないかと、思い違いをする。しかし、社会的成功と、心の成長は必ずしも比例するものではない。そこに相関関係はない。〔『快老をいく』五一～五二頁〕

〔コラム49〕

◆土台の真価が表れる試練

その人の人生設計と努力によって得た社会での成果は、内容も大きさも効果も、賢い人でも愚かな人でも、見た目には何ら変わりなく、同じようなものである。その成果は、平穏無事でいる時は、どちらも何の差異もない。両者の違いは全然分からない。

ところがそこに試練がやってくる。その時に、今まで見えなかったものが見えてくる。分からなかった違いが現れてくる。

試練が来ると、砂の上に家を建てた「愚かな人」の人生は、打ちつける暴風雨に耐え切れず、壊れて流されてしまう。その潰れ方はひどく、跡形《あとかた》もなくなってしまう。ところが、岩の上に家を建てた賢い人の成果は、雨が降り、洪水が押し寄せ、風が吹いて打ちつけても、びくともせずに立ち続けて、そこに残る。何の損害も受けないだけではない。試練の後には前以上に強くなっている。

この大きな違いをもたらしたものは何であろうか。それは土台をどこに据えたかである。砂の上に置いたのか岩の上に建てたのかである。愚かな人がしたように、人の能力、体力、精神力、思想といった人間的な力だけに土台を置いた者は、砂の上に建てた人のように、逆境や死などの試練が来ると、倒れて跡形もなくなってしまう。賢い人がしたように、イエス・キリストとその言葉である岩の上に建てた人だけが、どんな試練が襲って来ても、倒れることがなく最後まで残る。〔『知慧に生きる』一六五～一六六頁〕

ち、良きサマリヤ人の譬とか、放蕩息子の話とか、金持ちと貧者ラザロの物語などである。

このように、聖書には私たちを幸いへ導く表示として、行動と言葉とがあり、行いと言葉によって私たちに、いのち溢れて生活する方法を教示している。

・人が誇るべきことは何であろうか。どんなことであるならば、人の前に胸を張って誇ってよいことであろうか。人が自分の身に付けていることであって、人々に誇ることができ、かつ人々からは称讃されることとは、どんなことであろうか。たとえばそれは、問題を解明し解決していく豊富な知識や知恵であろうか。それとも、権威・権勢として、仕える人々を動かす権力を持っていることであろうか。あるいは、実行・実践の資源となる富、財産、資本を豊かに所有しているという経済力のことであろうか。

その答えを創造者なる神は、こう言われる、「違う。人が一生で誇るべきことは、わたしが誰であるかを知っていることであり、それに基づいてわたしを畏敬できることである」と。その賢明さを持っていることこそ誇るべきことである（エレミヤ九23～24参照）。

・聖書を読み、そこに書かれている御言葉を信じて従うことは、私たちにすばらしいことを約束し、授与してくれる。なぜなら、「それ（聖書）によって、神（に従う）の人が、あらゆる良いわざに対して十分な準備ができて、完全にととのえられた者になる」（Ⅱテモテ三17）からである。

3 幸いを聖書に求める

◆聖書から幸いを得る

・人々の気を引くようなうけのよいことなどは少しも書かれていないのに、その内容を伝えるために、何世紀にもわたって途切れることなく、しかも命懸けで全世界に向かって携え行かれる書物がある。それが聖書である。

なぜそこまでして聖書は携え行かれ、人々に真剣に読まれるのであろうか。それは、そこに人としての完全な幸いと、人間としての高貴な成功が書かれているからである。〔コラム50〕

・御言葉は、天の父の御意志である。そして御言葉は聖霊によって運ばれてきた私たちへの神からの贈り物である。御言葉は聖書の中に詰まっており、神からの測りしれない恵みをもたらす。それゆえに、御言葉に示されている真の意味を汲み取れないことは、私たちに大きな損失をもたらす。

◆聖書から祝福を得る

・聖書は、その時代時代の要求に答え、そこにある問題に解決を与えてきた。その問題の病原は何であり、どうすれば治癒されるのかの治療法をも指摘してきた。「あなたのみ言葉はわが足のともしび、わが道の光です」（詩篇一一九105）とあるように、聖書が示す解答は、根本的で本質的な解決を、世界にも組織にも、また個人に対しても教示してくれる。

・聖書には、不可解なことや日常あり得ない不思議な奇跡などが書かれている。イエス・キリストが病人を癒やした（マルコ五25〜29）とか、五つのパンと二匹の干し魚で五千人に給食をした（同六38〜44）などということが書かれている。これらの聖書の記述内容に躓《つまず》かないで読むにはどうしたらよいのであろうか。それにはコツがあり、読むための心構えがある。すなわち、そこに、その事件の展開のうちに、神の介在があるとして読むことである。全知全能の神の力が働いていることと、聖にして愛以外のことはなされない神の御子イエス・キリストが働いておられる、として読むことである。全地全能と愛、これをその事件の前提に置いて読むことである。そうするならば聖書の記述がすんなりと、頭の中へではなく、心の霊の中へ入ってきて収まる。〔コラム51〕

・天の父は、自らの意図されるところに従い、聖

〔コラム50〕

◆世界のベストセラー本

聖書は、誰かに買ってもらいたい読んでもらいたいと思って、人々の気を引くような記事は書いていない。人々の受けがよいようにと、読者に気を使いながら媚《こび》るような書き方はしていない。人々は聞こえの良い話を求めるかも知れないが、聖書はむしろ、「蛇よ、まむしの子らよ。あなたがたはわざわいだ。誰があなたがたが天国に入れるなどと言ったのか。あなたがたは表面を白く塗った墓だ」と断罪し、人の感情を逆なでさえする。

しかし、聖書は数千年にもわたって、いつでもどこでも、地球上の何十億人もの人々に読み継がれてきた。聖書ほどたくさんの国語に訳され、これを伝えるために命懸けで携え行かれる書物も、聖書以外に世にはない。聖書は、今も世界の隠れたベストセラーを続けている。人を創り変えて本当の人間にする神の知識が書かれているからである。〔『知慧に生きる』六六頁〕

〔コラム51〕

◆御言葉を解く二つの鍵

無理もないことだ。人がこの世の教養とか常識に従って聖書を読み、理解しようとしたら、必ず躓《つまず》く。人が聖書の言っていることを理解し、受け入れようと思ったら、二つの方法しかない。すなわち、一つは、今まで身に付けてきたいっさいの知識や経験を全く捨てて、空しくなり、それぞれの事柄をそういうものかと単純素直に受け入れる。もう一つの方法は、そこに神の介在、神の存在ということを認めて、聖書の記事を読むことである。人を愛することを唯一の基本とされる神が、そこに働いておられることを知ることである。

神のご意志と介在を認めて、聖書を読み進めると、真理が見えてくる。信じられるようにもなるし、自分が救いに与《あずか》るようにもなる。心の貧しい人たちが幸いなのも、主イエスが共にそこにいてくださり、共に歩んでくださるからであると分かってくる。悲しんでいる人たちが幸いであることが、矛盾でなく、今喜んでいる人のほうが不幸であることが分かってくる。

聖書での逆説は、そこにイエスの存在を通して見詰めると、逆説が順説になってくる。〔『知慧に生きる』六五〜六六頁〕

書において、人に必要なことを示してくださった。だが、それらは、人の欲することに合わせて示されたのではない。そうであるから、人が解決を望む事柄や問題に対して、福音の範囲を越えて無闇に御言葉を適用したり、敷衍・拡大して読み込むようなことをしてはならない。そのようにした場合には、その文言は神の言葉ではなく、原罪に捕らわれた人間の言葉になってしまう。

4　偽物から離れる

◆人や金に頼らない

・人は栄えて富を増すようになると、「私は神である」と思い上がって人前に行動するようになり、言葉にも出す。自分のこれまでの努力や働きと賢さによって、このように豊かになったのだ、と高ぶるようになる。だが、人の知恵によって倉に蓄えたはずの金銀財宝は、自分の知らないうちに人々によって奪われ、あるいは自らの浪費によって、少しずつ失われていく。最後にはそれらの財産は自分の死を境に、他人の手に渡ることになる。それだけならまだよいのだが、自分の才能と努力とをこの世に使ったために、気が付いた時には、自分の魂は暗黒と激しい苦痛の黄泉《よみ》にいることになる（エゼキエル二八7〜8、ルカ一二16〜21、一六23、箴言一六18参照）。

・人を愛したくても愛せないのは、他のものを愛しているからである。金銭や快楽、名誉などを愛して、それに執着し、そこから離れられないからである。人は二人の主人に兼ね仕えることはできない（マタイ六24参照）。

・人生における幸・不幸の採算は、この世の期間だけで測ってはならない。死後も計算に入れねばならない。悪しき者が栄えるかに見えるが、彼らには最後に滅びが待っている。また、この世で見捨てられたかに見えた飢餓者が、アブラハムのふところというパラダイスで平安を得ていることも事実である（詩篇七三12、17〜19，ルカ一六22参照）。

「神は侮られるようなかたではない。人は自分のまいたものを、(必ず)刈り取ることになる」(ガラテヤ六7)。これが、神が定められた人の一生における法則である。生涯において、良い種を蒔いた者は良い実を刈り取ることになる。しかし、悪い種を蒔いた者は悪い実を刈り取らざるを得ない。

◆主の富で満たされる

・助けを求めるには、私たちを助け得る者に訴えねばならない。助けることができない者にどんなに訴えたところで、助けは来ない。魂の飢え渇き、汚れのない聖さ、己を捨ててでも愛せる純粋な愛、難問題に対する解決、これらを人に求めても、満足のいく十分な助けは来ない。

多くの人は、助けの来ない人間に求めて、得られないと言って落胆し、失望する。助けは、助け得るお方に訴えてはじめて、実現され得るものである。「わが助けは、どこから来るであろうか。わが助けは、天と地を造られた主から来る」(詩篇一二一1〜2)。これを忘れてはならない。

・賢明と愚昧《ぐまい》にはどんな違いが出てくるだろうか。満ち足りと欠乏の違いである。

賢明な人というのは、常に本物の真理を尋ね求める。その結果として、魂の飢えというものを感知することなく、祝宴の中にいるかように、いつも静かに歓びで満たされている。

ところが、愚かな人は、その口に無益なものばかりを運ぶ。その結果時間と金財をたくさん使っていながら、いつも満腹というものを感じ取ることができない。「さとき者の心は知識をたずね、愚かな者の口は愚かさを食物とする。悩んでいる者の日々はことごとくつらく、心の楽しい人は常に宴会をもつ」(箴言一五14〜15)。このことを知っておきたい。

・残念ながら、多くの人が聖書に書いてある福音に躓《つまず》く。なぜであろうか。それは、福音が言っていることは、人の知る賢さが愚かであるとされており、有力と評価されていることが無力であるとされているからである。また、豊かさを保証する物財よりも神の言葉のほうを重要視しているからである。

多くの人々は、豊富な知識と創意工夫の才能、およびこれを形にまでする素材の物質に信を置いている。そして、個人生活であれ社会の諸々の組織であれ、この三つ（知識、才能、物財）に期待をかけ、組み立て、構築し、営みを続けている。したがって、この三つに重きを置かない福音は、素直には受け入れられない。むしろ躓いてしまい、結果的に福音を拒絶する。

だが、よく考えてみなければならないことであるが、真の豊かさと幸いは、一時的で限度のあるこの三つの知識・能力・物資にあるのではないことである。これらとは別のところにある。それは神の真実と知恵のうちにある。このことに気付いた者へのみ、神が約束されている地上での天国が与えられる。

「神の愚かさは人よりも賢く、神の弱さは人よりも強いからである」（Ｉコリント一25）との御言葉に心を固く留め得る人は、真の富裕へと導かれる。

◆病に早く気付く

・病気であるのに自分は病人ではないと頑張って、医者にもかかからず、薬も飲まない者に対しては、癒やす方法がない。病気を治す最短の近道は、自分が病人であることを認めて、投薬や治療を早く正しく受けることである。ここで病気であるとは、自分が罪人であり、本来の人として在るべき正常な姿になっていないということである。

主イエスも言われる、「丈夫な人には医者はいらない。いるのは病人である。わたしがきたのは、義人を招くためではなく、罪人を招くためである」（マルコ二17）。

・幸いを得るのに難しいことは何も要らない。ただ、主の道を行くようにすればよい（エレミヤ七23参照）。望む幸いが得られず、かえって不幸になっているのは、自分で選んで決定した自分の道を行っているからである。心を頑《かたく》なにして、主の言葉に従う耳を傾けようとしないからである（同七24参照）。

・人生において、望むらくは躓くことなく常に光の中を歩んでいきたい。御言葉には、次のようにある。「一日には（日が射している）十二時間あるではないか。昼間あるけば、人はつまずくことはない。この世の光を見ているからである」（ヨハネ一一9）。そうだ、躓かずに人生を歩んでいくには、昼間歩けばよい。光の中を歩けばよい。「しかし、夜あるけば、つまずく」。なぜなら「その人のうちに、光がないからである」（同一一10）。その人の（心の）うちに、光を保有していないから躓く。夜とはサタンが支配する闇の世界を意味している。

自分の霊の内に神が照らす光を持って、神と共に光の中を歩み続けるならば、どんなに暗く険しい道であっても、決して躓くことなく歩んで行くことができる。

◆自我欲で敗北しない

・人を敗北へと誘い込む誘惑を大別すると、結局のところ、次の三つのどれかである。

①「石をパンに変える」経済的誘惑。

②「不信をもって神を試みる」宗教的誘惑。

③「栄華を自分のものにする」支配的誘惑（マタイ四2～10参照）。
これら三つの誘惑に通底することは、自分の意のままに決定・行動し、神の上に立とうとする自我欲がその人を捕らえていることである（創世三1～7参照）。

・人は我欲的な思念が原因して、自らの命を落とすことがある。その例として、次のような事件が挙げられる。
①イスカリオテのユダのように、神の子を自分の政治的野望に利用したために命を落とす（マタイ二七3～5参照）。
②アナニヤとサッピラのように、自ら抱いた物質的欲望と名利心が原因して命を落とす（使徒五1～10参照）。
③演説するヘロデ王が虫に噛まれて死んだように、名誉欲と高慢によって命を落とす（使徒一二21～23参照）。
このような神の審きを受けないようにするためには、欲が孕《はら》んで死を生み出すような（ヤコブ一15参照）悪しき思いに陥らないように、心することが大切である。〔コラム52〕

◆高ぶりによって幸いを逃さない

・生きていく上で、人類の歴史が示す一つの法則がある。「神への従順は祝福をもたらし、神への不従順は呪いをもたらす」、これである。このことは、旧・新約聖書にイスラエルの歴史として明確に記されている。むしろこのことを人類に知らせるために、神は古《いにしえ》のイスラエルの歴史を例に挙げて、聖書に書き残されたと言ってよい。

〔コラム52〕

◆裁きの結果としての死

死の原因にはいろいろあるが、神からのさばきの結果である場合がある。

主イエスを銀三十シケルでユダヤ祭司長たちに売り渡したイスカリオテのユダは、首を吊って死んだ（マタイ二七3〜5参照）。また、エルサレム教会信徒のアナニヤとサッピラ夫婦は、資産を売って一部だけを持ってきて、これが全部だと偽って献金したが、ペテロに「どうしてそんなことをするのか。あなたは人を欺《あざむ》いたのではなく、神を欺いたのだ」と指摘され、その場で息絶えた（使徒五1〜10参照）。さらに、王座に座って演説したヘロデ王は、集まった人々から「これは神の声だ、人間の声ではない」と叫ばれたことにいい気になって、そのまま続けたところ、虫に噛まれて死んだ（使徒一二21〜23参照）。（中略）

このように、神に対する罪のために、神に裁かれて生命を落とすことがある。〔『死と神の国』一八一頁〕

神の声に従う人は、神からの祝福を受ける。しかし、神を無視して我が道を行く者には、不幸が待っている。

・高ぶる目と驕《おご》る心は、悪しき人の水先《みずさき》案内人である。この二つは不義と不幸へ導く灯火《ともしび》である（箴言二一4参照）。

・「私は見える。見えている」と言い張るところに、不幸の源がある。だが、「私は見えない。見えていない」と自覚しているなら、見えるようなる可能性が、まだ残っている（ヨハネ九39、41参照）。

5　別にある世界を知る

◆神の全権と全能を認める

・神の御心は、人が死から甦ることである（ヨハネ六39～40参照）。だがそこには条件が付く。神はそれをすることができると信じることである。「神は何でもできる全能であって、不可能なことはない」（マタイ一九26参照）。人を甦らせることも、永遠の命を与えることもできる、と信じることである。信じる者には、神はその信仰を喜ばれて、甦りを与えられる。〔コラム53〕

〔コラム53〕

◆信じる者に与えられる甦り

キリストの復活は、過去に類例のない全く新しい事柄である。キリストの復活は、「蘇生はするが、やはり再び死を迎える旧約や新約の人々の生き返り」ではなく、以後永遠に死を迎えることがない、過去に一度も類例がなかった、全く新しい出来事である。

キリストの復活は、人が神のご意志と力によって甦ることの、具体的な保証である。この神のご意志と力は、イエスをメシヤ（救世主）と信じる者に現れる。（中略）主イエスをメシヤと信じる者は、現在においては、過去の古き人が死に、新しき人となり、未来においては、再び甦り、永遠の命を持つ者になる。〔『死と神の国』三一四頁〕

・最も恐れなければならないことは、死ではない、神である。なぜなら、死んだ後にその人が天国行きになるのか、地獄行きになるのか、それを決定する権限を持っておられるからである。神はご自身の裁定によって、私たちを天国か地獄へ送り込まれる（マタイ一〇28参照）。〔コラム54〕

・私たちの神が求められることは、私たちが幸いを得ることである。これ以外のことを望まれない（申命一〇13参照）。それでは、どのようにしたならば幸いを得られるのであろうか。そこに明示されていることによれば、

①主を恐れ、すべてのことで、主の道を歩む。
②神を愛して、心を尽くし、精神を尽くして神に従い、仕える。
③主の命令と定めとを堅く守って生活する。

この三つである（同一〇12〜13参照）。

〔コラム54〕

◆魂を滅ぼせるかたを恐れよ

死を恐れる必要はない。死の後で第二の死、すなわち永遠の暗黒と極苦のある地獄へ投げ込む決定権を持っておられる神を恐れなければならない。この方は、私たちが死んだ後に、肉体は朽ち果てるのだが、そのあとに魂に霊的からだを与える力を持っておられる。

悪しき者は、与えられた霊のからだをもって、地獄で永遠の極苦に苦しむことになる。だから、「からだを殺しても、魂を殺すことのできない者（人間）どもを恐れるな。むしろ、からだも魂も地獄で滅ぼす力のあるかたを恐れなさい」（マタイ一〇28）と主イエスは言われる。〔『死と神の国』二七六頁〕

◆もう一つの世界の真理を知る

・学生の頃まで私は、哲学とか人世論が述べている思想や論理を、これが真理のすべてであると思い込んでいた。ところが聖書を読んで救いを受け、信仰の世界を知ってからは、今までのことは真理に近い世界の半分も占めていないことを理解し、体得した。

それからというもの、私は、人間の知の暗闇から這い出て、燦然と輝く神の真理の世界へ入るに至った。そして、この経験を知らずしては人生を終わらせるわけにはいかないとまで、感嘆するに至った。

この感嘆するような神秘にも似た深い知恵は、これらを知らない人々にとっては愚かなことであろう。しかし、心の琴線に触れて知った私たちにとっては、神の力である、と叫ばざるを得ない（Ⅰコリント一18参照）。

・ヨブがそうであったように、それが親友であろうと、慰めを与えることを動機としていようと、人からの忠告や説得は、人間の先入観が入っていたり、因果応報的な人間の知恵の領域を出ないものである。ヨブが神の真理に達し、悟りの域に至ることができたのは、つむじ風の中からの神の語りかけによってであった（ヨブ三八章参照）。

神も認めるほどの正しいヨブ（同一8参照）が、困苦の極みの中にあって、自らの義と神の間を取り持つ仲保者を叫び求める最中《さなか》に（同一九25～27参照）、神は現れて彼に詰問しつつ、神の主権と偉大さを語って、ヨブが霊の目を開くように導かれた（同三八～四一章参照）。これによってヨブは、自らの尊大と卑小に気付かされ、神の前に遜《へりくだ》って告白した。「わたしはみずから悟らない事を言い、みずから知らない、測り難い事を述べました。……わたしはあなたの事を耳で聞いていましたが、今はわたしの目であなたを拝見いたします」（同四二3、5）。

このように、人間の考えには固い殻がかぶさっていて、見える深度や判断に自ら制限を加えている。深淵な真理を知らせていただくためには、霊の目が開かれて神の光が射し込まれ、真理を示していただくしかない。

・世の常識をもって教会に足を踏み入れた人が、まず最初に躓くものが三つある。①イエス・キリスト、②十字架と復活、③聖書である。今まで持っていた知識とは全く掛け離れているからである。だが、ここにこそ最高の価値がある、罪の赦しと永遠の命と神の国がある。

◆神に導かれている世界を知る

・神の審きは、人間の気付かない所で気付かない方法でなされる。悪人が栄え、善人が苦しむことは、必ずしも因果応報が実行されるわけではなく、またそれが絶対ではないことを表している。神の御心と摂理の実施は、人生途上で短期的に見ては理解できない。長期にわたっての全体を見なければ分からない。神の義しさは必ず貫かれるからである。これが摂理をもってすべてのことを導かれる神の大計画である。

・この世は、真理を追えば安楽が遠ざかり、安楽を求めれば真理が離れるという様相がある。この世においては、真理と安息は二律背反の世界なのであろうか。いやいや決してそうではない。真理を得ると同時に安息をも自分のものにすることができるといった、真理と安息が一つになる世界がある。

それは、次の御言葉のうちに提示されている。「わたしのくびきを負うて、わたしに学びなさい。そうすれば、あなたがたの魂に休みが与えられる」（マタイ一一29）。神が導く世界に生きる者には、キリストと共に歩むというくびきを負うならば、魂に休みが与えられる、という法則が貫かれている。

・人類の歴史に目をやるならば、数え切れないほどの王朝や帝国が栄枯盛衰を繰り返してきたことを見る。しかし、それらの国々は、今にあっては影も形もない。そのような権勢の浮き沈みの陰にあって、キリストの王国は、見えないかのようにして一人、二人と王国へ加えていき、存続を続け、今や全世界に広がっている。この調子でいくと、世の終わりまでには、神の国の全容が明らかに現れてくるかもしれない。

◆自分は何者かを知らされる

・「この地球上に人間として生きるようになった自分とは、いったい何者か」、「私は誰なんだろう」、この答えをいくら自分の中に求めても、得られるものではない。なぜなら、この世に存在するようにと生まれ出たのは、自分の意志によるのでも自分の力によるのでもないからである。気が付いたらこの世に存在していた。それゆえに、この問いへの答えは、この世に自分を存在させた方に問わねば得られない。その方に問うときに、自分の存在とその意義が明確に示される。その方から明示された自分の使命に生きるようになった時に、自分はいったい何者なのかを確信を持って知るようになる。

・人の本分とは何であろうか。その人が人間であるならば、決して欠いてはならない、その人が人間であることを保証する本質的な事柄とは何であろうか。知識の保持とその拡大であろうか。それとも、現状を打破する創意工夫の力を備えて、それを実行することであろうか。あるいは、限界を超えて新世界に到達し、記録を樹立することであろうか。

どれもそうではない。人の本分は、次のことであると聖書は教示している。すなわち、「神を畏敬し、神の戒めの内を生きることである」(伝道一二13参照)と。神を知り、これを畏れつつ生きること、これが人間の本分である。

第2章　三位の神の力

序　絶大な富への感謝

私は、キリスト者になって時々深く思わされ、感に浸ることがある。私が天地の創られる前から神の許《もと》にあって選び分かれていたこと（エペソ一4参照）、私がこの地上に生を受けたその時から、神のご計画の中にあって、守り導かれてきたこと（同一5参照）、私は罪を多く犯してきたのに、御子の血による贖いによって罪過のゆるしを受け、また復活が約束され、さらには神の国を継ぐことが保証されていること（エペソ一7、14参照）などである。これらは理性ではどのようにしても理解できず、その豊かさは信じがたいほどのことである。

それればかりでなく、私が善行を積み、功績を差し出しても、そんなものは要らないと言われ、逆に、それを遥かに超えた、万物、平安、希望、死からの解放、永遠の命、神の聖・義・愛の付与という恵みを、「わたしにあるものをあげよう」（使徒三6）と言われ、測りがたい莫大な富として与えてくださる。

私はこの豊かさと安心に支えられ、満たされて、私に命じられた「神の栄光をほめたたえる」（エペソ一6、12、14）ことを全うしていくべく、私の命を使っていきたいと我が人生を続けている。

1　神の力で成就される

◆神の知恵によって幸いを得る

・箴言では「知恵は宝石よりも尊い」（箴言三15）と、知恵を称賛している。この知恵とは、神がお持ちの知恵である。人から出てきた知恵ではない。知恵を求めて得る人は悟りを得る人であり、その人は幸いを得る、とも書かれている（同三13）。どのような幸いを得るかも具体的に示されている。長寿であり、富であり、誉れである。その知恵の道を行く者の人生は楽しく、進む道筋には平安だけがある。その知恵は命の木ともなる（同三16〜18参照）。〔コラム55〕

・旧約聖書にある箴言が言うところの「知恵」は、人が考え出した知恵ではない。天の父がお持ちの、神に満ちている知恵である。この知恵はギリシヤ語でロゴスとも表現される。聖ヨハネによれば、ロゴスは神としての言《ことば》であり、御子キリストでもある（ヨハネ一1〜2参照）。

　このイエス・キリストは、人を贖罪するために、自らの命を捨てることまでして、私たちを愛してくださった。それゆえに、ロゴス（知恵）であるキリストを受け入れる者には、神との和解の平安が授けられる。神の恵みが降り注がれるので、これ以上ない幸せで満たされるようになる。

　そうであるから、箴言の著者は、次のように表現する。「知恵を求めて得る人、悟りを得る人はさいわいである。知恵によって得るものは、銀によって得るものにまさり、その利益は精金よりも良いからである。知恵は宝石よりも尊く、あなたの望む何物も、これに比べるに足りない。その右の手には長寿があり、左の手には富と、誉がある。その道は楽しい道であり、その道筋はみな平安である」（箴言三13〜17）。

◆神の力によって成していただく

・人の世にあって、「これは無理だ」「こんなこと、できっこない」と判断される事柄を、キリスト者は事もなげに一つひとつ確実に成し遂げていく。なぜそのように可能なのであろうか。それは、次の御言葉を信じ、委ね、従っていくからである、「万軍の主は仰せられる、これは（人間的な）権勢によらず、（人が保有する）能力によらず、（全知全能なる）わたしの霊によるのである」（ゼカリヤ四6）。

・聖書の文言を凝視して、神のご意志が何であるかを知り、それを自分のこととして信じ従う者に対しては、神は神の力を授けられる。しかし、その文言を自分で得た思想と経験からのみ理解して、そのために愚かな内容であると判断する者には、神はその知恵を隠し、何の力も与えては下さらない。

そうであるから、次の御言葉は真実なこととなる。「十字架の言《ことば》は、滅び行く者には愚かであるが、救いにあずかるわたしたちには、神の力である」（Ｉコリ

〔コラム55〕

◆知恵に添えられる恵み

人の上に立って活動する者が、最も求めるべきものとして与えられる上からの知恵は、神を畏れ神に従うことから始まる。神を信じ神が示す道を歩む者には、神の知恵が授与される。そしてその者は、永遠の中に自分を位置づけ、ますます豊かになる。これを証言して、箴言の記者ソロモンは言う。

「わが子よ、確かな知恵と、慎みを守って、
それをあなたの目から離してはならない。
それはあなたの魂の命となり、
あなたの首の飾りとなる。
こうして、あなたは安らかに自分の道を行き、
あなたの足はつまずくことがない」（箴言三21～23）。

まず神の知恵を求めて生きる者でありたい。

〔『天命に立つ』三三一～三三二頁〕

ント一18）。キリスト者にとって御言葉が神の力となるのでなかったら、自分の命までも顧みずに、イエス・キリストの御言葉に従って生涯を貫いていく、などということはできるものではない。

◆神の力によって諸力に勝つ

・私たちが日々生活する地上での戦いは、身体的な血肉に対するものではない。この世を支配している悪霊との見えない戦いである（エペソ六12参照）。それゆえに、私たちの生涯にわたって、どこかで休戦があるとか平和条約が結ばれるなどということは考えないほうがよい。一生にわたって常に戦いがあり、どちらかが勝つか負けるかである。

このような戦いにおいて、悪魔が仕掛けてくる数々の策略に対抗して、決して負けることなく、常に勝利を続けていくためには、主の偉大な力によって私たちが強くなるしか、施す方策はない（同六10～11参照）。

・何ものをも恐れず、直面する悪に何らたじろくことなく、前進を続けていかれることは、その人が神に召され、神のそば近くに侍《はべ》っていることの証拠である。その事業を実施推進していくのに、人々からどれほど反対されても、あるいは攻撃されても、正しいことをしている自分は、神の力を与えられて必ず成就に向かい、守り導かれる、と確信しているから、それを展開していくことができる。

「完全な愛は恐れをとり除く」（Ⅰヨハネ四18）と御言葉にあるとおり、「主を愛し、主から愛されている」という完全な愛が、自分の上に堅持されているならば、あらゆるものからの恐れを取り除かれて、邁進を続けていくことができる。これは信仰生活での確かなことである。

２　神によって豊かになる

◆主を愛して幸福になる

・キリスト教が真実であることの証明は、「信じた者は必ず幸福になる」という事実だけで十分ではなかろうか。キリスト教を信じて幸いになっている自分が、今ここにいるということは、学問的に息張って神はこのように存在すると論理立てて説得したり、キリストの復活はこのように証明されると口角泡を飛ばして論証するよりも、確かな実証になる。また、賢人の名前を何人も挙げて、彼らもこのように信じ生きてきたと例示するよりも、どんなにか確実で、実際的な証明になる。

・「心をつくし、精神をつくし、力をつくして、あなたの神、主を愛さなければならない」（申命六５）と戒命されている。それでは、なぜそうすべきなのであろうか。それは、そのようにすることが万物の霊長たる人間として為すべき、最高にして最善の貴い行為だからである。そればかりではない。そうすることによって、神からの恵みとして、成就と幸いが与えられるからである。私たちクリスチャンに成功と幸福が成ることは、私たちを子として愛してくださる天の父の御心である。

神の掟の第一戒にある「主を愛する」ことの戒めを守って、右にも左にも曲がらないならば、私たちの生涯には繁栄が与えられる、と御言葉によって約束されている（ヨシュア一７〜８参照）。

・野の鳥たちが、あくせく動き回る人間を見て言ったそうだ、「人間はどうしてあんなに、何を食べようか、何を飲もうか、あるいは何を着ようかと思い煩い、悩み苦しんで、せわしく行動するのだろうか」。仲間のもう一羽の鳥が答えて言った、「きっと神様が養っていてくださるのを知らないんだよ」と(マタイ六25～26参照)。〔コラム56〕

・いつも共に神に居ていただきたいと望むならば、隣り人でも仕事でも、心から愛し続けることである。なぜなら、「愛のうちにいる者は、神におり、神も彼にいます」(Iヨハネ四16)とあるとおりだからである。

◆神からの富に感謝する

・「足るを知る」(Iテモテ六6)ことには二方面がある。物財で豊かになる方面と精神の豊かさで得る方面である。一般の人々は前者に重きを置く。

〔コラム56〕

◆現在を思い煩わない

今日《きょう》現在、多くの人が自分の生活に不安を感じ、悩み苦しみながら生きている。しかし、主イエスは言われる、「思いわずらうな」(マタイ六25)と。どうして思い煩わなくてよいのだろうか。その理由を神の子イエスは、野の花と鳥を例に挙げて、次のように言われる。

山上の垂訓を話されている際に、丘に咲いているポピーを指して、この花を見なさい、「なぜ、着物のことで思いわずらうのか。野の花がどうして育っているか、考えて見るがよい。働きもせず、紡《つむ》ぎもしない。しかし、あなたがたに言うが、栄華をきわめた時のソロモンでさえ、この花の一つほどにも着飾ってはいなかった。きょうは生えていて、あすは炉に投げ入れられる野の草でさえ、神はこのように装って下さる」(同六28～30)。また、大空に飛んでいる鳥を指して言われた、「空の鳥を見るがよい。まくことも、刈ることもせず、倉に取りいれることもしない。それだのに、あなたがたの天の父は彼らを養っていて下さる。あなたがたは彼らよりも、はるかにすぐれた者ではないか」(同六26)。〔『死と神の国』一〇六頁〕

豊かであることとは反対の貧しさは、まだ足りないとの欠乏感や不満足といった精神的なものから来る。だが、物財はこの貧しさを、完全には満たし得ない。「（精神的）命は食物（物財）にまさり、（神の宮である）からだ（精神的）は、着物（物財）にまさる」（マタイ六25）とあるが、これは真実である。〔コラム57〕

・生活困窮者に政府が福祉を厚くしてあげると、「それほど恵んであげる必要はない。彼らは自業自得なのだから」と言う人がある。そういう人に限って、今まで一生懸命働いてきて、今日の生活を築き上げてきた人である。

だが、現代の社会構造の歪みから、努力しても貧困から抜け出せない人が現実に多くいるということも、批評の片隅に記憶しておく必要がある。自業自得であ

〔コラム57〕

◆足ることを知る幸い

人生には二つの生き方がある。一つは、富と名誉を追い求めて飽くことを知らず、常に渇き、場合によっては誘惑に陥り、破滅に沈む生き方である。もう一つの生き方は、信仰の戦いを立派に戦い抜いて、心の豊かさと平安のうちにこの世を過ごし、死して後、神からの栄冠と永遠のいのちを授かる生き方である。どちらの生き方を選ぶかは、選ぶ個人に任されている。

信心があって足ることを知るのは、大変に大きな利得である（Ⅰテモテ六6～12参照）。イエス・キリストは言われた、「人が全世界をもうけても、自分の命を損したら、なんの得になろうか。また、人はどんな代価を払って、その命を買いもどすことができようか」（マタイ一六26）。

ギリシヤの七賢人のひとりであるソロンも、「足るを知る者は真の富者にして、貪欲な者は真の貧者なり」と言っている。全くそのとおりである。私は信仰によって足ることを知った。足ることを知って富者となった。富者となってますます恵まれた命を持つ者となった。〔『満たされた生涯』六一一～六一二頁〕

ると切って捨てる恵まれた人に対して、主イエスは「ぶどう園の労働者」の譬《たとえ》をもって諭される。

すなわち、ぶどう園の主人は朝から一日中働いた者にも、夕方五時から働いた者にも同じく一デナリの労賃を払ってあげた。「私は一日中働いたのだから、私にはもっとくれ」と文句をつけてきた労働者には、「約束どおりのことをしている」とたしなめた（マタイ二〇1〜16参照）。夕方まで職がなく不安と焦りの中で一日中過ごすよりも、朝から安心して働けたことに感謝すべきであった。自らを義人と認じる者は、恵まれた生活に入れられている自分を棚に上げて、神の気前の良さを妬むようなことをしてはならない。神は誰にも恵み深くしようとされているのだから。

◆神を求めて添えて与えられる

・「求めよ、そうすれば、与えられるであろう。捜せ、そうすれば、見いだすであろう。門をたたけ、そうすれば、あけてもらえるであろう」（マタイ七7）とある。神の御心に適《かな》ったことであるならば、熱心に求めれば与えられる。熱心に求めるとは、強い願望と熱情をもって、ひたすら努力を傾け、信頼して待つことである。

私たちの求める前から必要なものをご存じの主は（同六8参照）、熱心に求めてくる者には、必ずその信仰に添えて与えてくださる（同七11参照）。

・生活上のことで、どんなものも焦って求めるようなことはしないほうがよい。富や地位、住居や妻子などについてもである。神の時が来れば、信頼し耐えて従ってきた者に、神は与えてくださる。「まず神の国と神の義とを求めなさい。そうすれば、これらのものは、すべて添えて与えられる」（マタイ六33）。この約束を神は違《たが》えたことがない。

・「明日のための心配はいっさい無用なり。明日のことはあす自身が、すなわち神が心配《こころくば》りしてくださるからである。労苦というのはその日その日で十分にあるものだ」（マタイ六34参照）。明日のために自ら心乱して思い煩う力と時間があるくらいなら、私たちは今日という一日に全力を注ぐべきである。明日というこれから続く日々は、愛なる主が十分に配慮して守り、与え、導いてくださるのだから。

◆神からの報いを受ける

・神からの報酬は、すでに各自に支払われている。善を為すことにおいては、それをするときにいつも平安であるという報酬である。悪を為すことにおいては、胸が高まるほどに心乱れて定まらず、その後も、人に知られるのではないかとの恐れが休みなく追ってくる、という報いである。

・どんな状況や事情にあろうとも、神の僕《しもべ》として精出し働く者に対しては、彼の上長や王にさえ神は働きかけて、神の摂理をもって事が進むように手配し、進展させてくださる。「王の心は、主の手の内にあって、水が上から下へ流れるかのように、主は御心のままに、これを導かれる」（箴言二一1参照）とある。使命を委ねられた者は、この真理を信じて、安心と確信をもって事を進めていきたい。

・物事が次々と進んでいる。そのような中にあって、人にとって最悪な状況であっても、神にとっては最善である。それは後になって分かる。

3 キリストの富を与えられる

◆キリストにあって豊かに実を結ぶ

・人の生涯において、品性の面においても仕事の業績の面においても、実を豊かに結ばせていただく方法がある。自らは枝となって、幹であるキリストにつながっていることである。つながってさえいれば、神からの滋養分が次から次へと送り届けられてきて、自分一人では決して結ぶことのできない、たわわで豊かな実を人生で結ばせていただくことができる（ヨハネ一五5参照）。

・世の中で自分が成功するために備えるべき四つの要件がある。

①健康で活力あふれる体力、

②理解力、創造力、洞察力といった能力、

③忍耐力、自制力、根性といった精神力、

④それに前向きで確固とした人生観、価値観といった思想、

である。

だが、世の中で社会的に成功するだけに終わらせず、人生にも成功するようにするためには、この四要件だけでは、なお足りない。これらを支える英明で堅固な基盤が必要である。人力に頼った四要件だけで、人生という我が家を建てる人は、砂の上に家を建てる愚かな人と同じになってしまう。永遠にまで残る立派な家を建てるような賢い人になるためには、これらの四要件に加えて、我が家を神の御子キリストという岩盤の上に建てる必要がある（マタイ七24～27参照）。

・この地上の無価値なものによって目が眩《くら》まされるのではなく、本当に価値ある真理がはっきり見える「目が開かれた者」でありたい。そうなるためには、「シロアム（つかわされた者〔＝キリスト〕の意）の池に行って（目を）洗いなさい」（ヨハネ九7）に従うことである。この御言葉は真実である。〔コラム58〕

・小麦粉で作られたパンは、一度食べれば後は永久に食べなくてよいというものではない。霊のパンであるイエス・キリスト（ヨハネ六48参照）についても同じことが言える。新生した後も、この霊のパンを毎日食べ続けなければ、霊のからだは痩せ衰えて、魂は死に至

〔コラム58〕
◆シロアムに行って洗え

盲人の物語（ヨハネ九6〜7）にはもう一つの隠された重要な事柄が秘められている。シロアムとは「つかわされた者、の意」（同九7）であると、わざわざ聖書には括弧（　）でくくって注意書きがなされている。それでは「つかわされた者」とは誰であるか？　言うまでもなくイエス・キリストである。人類の救いのために、神より遣わされたイエス・キリストのことである。

真理が見えるようになるためには、シロアムへ行け。すなわち、遣わされた者イエスのところへ行けということである。イエス・キリストのところへ行って洗う。すなわち、罪を洗い流し、水のバプテスマを受けると、人は世界の真実が見えてくる。イエスのところへ行って洗うと、この地上で本当に価値のあるものは何かの真理が見えてくる。今まで価値ありと見ていたものが、全く無価値であることが見えるようになる。

見えるようになりたかったら、「シロアムの池へ行って洗いなさい」（同九7）、これは見逃がしてはならない、神から人類へ与えられた、最重要に属するメッセージである。〔『知慧に生きる』四四八〜四四九頁〕

らざるを得なくなる（同六50～51参照）。〔コラム59〕

◆キリストによって神の国に達する

・華道、茶道、柔道、剣道と、人の拓《ひら》いた道がある。その道を熱心に忠実に辿《たど》って行けば、その道の極意に達することができる。ところが神に至る道だけは、人の拓《ひら》いた道では決して到達しない。天の父が人に備えてくださった道を通る者だけが、神に達することができる。その道とは、「わたし（イエス・キリスト）は道であり、真理であり、命である」（ヨハネ一四6）という道である。〔コラム60〕

・「あなたはきょう、わたしと一緒にパラダイスにいるであろう」（ルカ二三43）。これは苦悶と絶望の中にあって、あとは息を引き取るしかない十字架上の強盗に、同じ状態にあるキリストが約束された言葉である。キリスト

〔コラム59〕

◆イエスを食べ続けて生きる

御言葉には「天から下ってきたパンを食べる人は、決して死ぬことはない。わたしは天から下ってきた生きたパンである。それを食べる者は、いつまでも生きるであろう」（ヨハネ六50～51）とある。この御言葉では「このパン」すなわち、天からの命のパンであるイエス・キリストを受け入れ、自分の内側に入れ、自分の血と肉にする者は、永遠に生きると言われている。

この「食べる」は、イエス・キリストを一度食べれば、すなわち洗礼を受けて救いに与《あずか》れば、後はどんな生活をしようとも、永遠の命が受けられる、とは言っていない。パンを食べ続けなければ身体は保たれない。これと同じように、救われた後も永遠の命が付与されるまでの間、すなわち御国に着くまで、そして御国に着いてからも、命のパンであるイエス・キリストを食べ続けるのでなければ、霊は痩せ細り、栄養失調となって死んでしまう。

〔『死と神の国』一九五頁〕

と共にあること、これがパラダイスである。これを体験した者は、キリストと共にあることの外《ほか》に、楽園（パラダイス）がこの地上に別にあるということを知らない。〔コラム61〕

・人が注意しなければならないことは、両者は全く別ものであるにもかかわらず、思想体系とキリストとを同一視することである。

思想体系は人間が考え出したものであるが、イエス・キリストは神から遣わされた方である。思想体系のために人間には理性が与えられているが、キリストのためには人に霊性が与えられている。思想体系は人の頭脳で思考を巡らし、受け入れるが、キリストは霊感によって感受し、人に備えられた霊の器で受け入れる。思想体系は「哲学」で括《くく》られるが、キリストは「信仰」で括られる。

・人は明晰な頭で、自分が納得する思想体系に合

〔コラム60〕

◆イエスによって御国に着く

神の道は、神から人間に降ろされた道であって、人間から神へ拓いた道ではない。神が人のために備えてくださった道であって、その道を通って行くときにのみ、神の御許《みもと》に着くことができる。

人が知識によって考え出し、探し出し、極め尽くして見いだした人間からの道を、どんなに行っても、神に到達することはできない。イエス・キリストが用意し、イエスが備えてくださった神からの道以外の道を通ってでは、御国へ達することはできない。それを主イエスは次のように言われた、「わたしは道であり、真理であり、命である。だれでもわたしによらないでは、父のみもとに行くことはできない」（ヨハネ一四6）と。

主イエスを排除し、イエスの十字架を無にして、自分の義によって神に到達しようとする者の道の行き着く先に、神の国はない。〔『死と神の国』一八八～一八九頁〕

ったものを受け入れ、安心する。それはそれでよい。しかし、こと信仰となると、そのような受納の仕方では、何の意味も汲み取れなくなる。理性が納得するので受け入れるのと同じ方法で、キリストを受け入れたのでは、御子キリストを受け入れたことにはならず、救いに達することもできない。心の霊で、救い主であると信頼してキリストを受け入れ、信じ従ってはじめて平安を得るものである。

・人はしばしば「思想体系にかなったキリスト」をまつり上げ、これを受け入れようとする。しかし、そこにある体系は、人間が考え出した思想であって、天の父から啓示された神の真理の教えではない。私たちが探究して受けるべき信仰は、恵みに満ちた「キリストに

〈コラム61〉

◆十字架上の第二言

「よく言っておくが、あなたはきょう、わたしと一緒にパラダイスにいるであろう」（ルカ二三43）。

この言葉は、主イエスがはりつけにされた十字架上から発した七つの言葉のうちの第二言である。この言葉は、主イエスと共につけられた二人の強盗の一人に言われた言葉である。一方の強盗は、主イエスに悪口を言い続けたが、もう一方の強盗は、最期の時を迎えて、良心が目覚めてか、たしなめて言った、「神を恐れるべきだ。お互いやったことの報いを今受けている。この方は何も悪いことをしていない」。そして主イエスに向かって言った、「御国でわたしを思い出してください」（同二三39～42参照）。

誰でも、死の直前であっても、悔い改めて主イエスに従おうとする者には、「きょう、わたしと一緒に（死後の楽園である）パラダイスにいることになる」と約束を与えられる。パラダイスは主イエスと共にいる所であり、主イエスが共におられる所は、どこであってもパラダイスである。（『図解　聖書理解の基本』五六六～五六七頁）

かなった思想体系」である。重点の順序を間違えてはいけない。

・神学は、人の考えから出て組み立てられた学であってはならない。神から示された学でなければならない。もし神学が、人によって考え出された学であって、神からの啓示によって組織立てられた学でなかったら、その思想体系は、神学としては、何の意味も生み出さない無価値な神学となる。

◆キリストにあって世に勝つ

・どんな時にもどんな課題にも勇気を失わずに立ち向かっていくこと、これが人生を成功に至らせる鉄則である。「あなたがたは、この世ではなやみがある。しかし、勇気を出しなさい。わたし（キリスト）はすでに世に勝っている」（ヨハネ一六33）。世にすでに勝っているキリストと共に、どんな患難や難題が自分に襲ってきても、決して負けないだけの精神をもって進むならば、勝利をもって御国に達することができる。

・私たちを心悩ますものに、俗世に関する欲念や未来に関する不安がある。これらに打ち勝つためにと、人々は知恵をしぼり、知識を蓄え、あるいは思想を構築する。しかし、どの哲学も人生論も世俗宗教でさえ、これらを拭いとることができない。探求者を唯我独尊にしてしまったり、あるいは厭世家にしてしまう。その結果、現実の具体的な問題に対処できないという弱体を提供してしまう。

・俗世への欲念や不安がある場合に、それに対処する方法がある。神を信じ、キリストに従い、聖霊に導かれて行くことである。この三位の神と密接につながっているときには、俗世の苦悶の中にあっても、確かに平安な安らぎを得ることができる。そして現世に立ち向かっていくことが可能となり、荒れ狂う波頭を乗り越えていく力を与えられる。

この意味で、主イエスが次のように言われたことは真実である。「これらのことをあなたがたに話したのは、わたしにあって平安を得るためである。あなたがたは、この世ではなやみがある。しかし、勇気を出しなさい。わたしはすでに世に勝っている」（ヨハネ一六33）。

・キリスト者にとって、自分がキリストと共に世に死ぬことは、真に充実した人生を生きるための根本的な要件である。このキリストと自分の二つの死が、キリスト者を聖に向かって生きさせる、欠いてはならない基

〔コラム62〕

◆私たちが生きるための主の死

キリスト・イエスの死がなぜそれほどに重要であり、また私たちにとっても重要なのであろうか。まず、キリストの死は、その信仰的意味として、キリストの十字架上の死によって私たちが贖われ、それを信じる者は罪なき者と認められる、という大きな目的があるからである。次に、もう一つの大きな目的は、私たちがキリストと共に死んで、キリストと共に生きるようになるためである。

このことについてパウロは言う、「わたしたちは、この事を知っている。わたしたちの内の古き人はキリストと共に十字架につけられた。それは、この罪のからだが滅び、わたしたちがもはや、罪の奴隷となることがないためである。それは、すでに死んだ者は、罪から解放されているからである。もしわたしたちが、キリストと共に死んだなら、また彼と共に生きることを信じる」（ローマ六6〜8）。

このように、キリスト者にとってキリストの死は、キリスト者が真に充実した生を生きるために、それを支える不可欠な根本的基盤である。〔『死と神の国』一五六〜一五七頁〕

盤となる。〔コラム62〕

4　聖霊によって勝つ

◆聖霊に満たされて昇る

・鷲は猛禽と言われるにふさわしく、目は鋭く遠方を透視し、爪は研がれて襲うものを一度摑《つか》んだら離さない。それゆえに聖書でも、「わしのように翼をはって、のぼることができる」（イザヤ四〇31）とたとえられている。しかし、ここで重要なことは、「翼をはって」ということである。「翼を激しく羽ばたかせて」ではない。下から吹いて上ってくる上昇気流の風を翼いっぱいに受けて、どこまでも高く昇るのである。この風とは何か。もちろん聖霊のことである。聖霊を自分の翼いっぱいに受けるならば、高く昇ることができる。自分の力で昇って行こうとしたら、疲れてしまい、途中で諦めて高くは昇れない。しかし、自分の力に頼むのではなく、聖霊の力を受け、聖霊に導かれて昇るならば、神の御住居《みすまい》の天にまでも昇ることができる。

そうであるから、聖書は次のように言う。「しかし主を待ち望む者は新たなる力を得、わしのように翼をはって、のぼることができる。（目標に向かって）走っても疲れることなく、（どこまで）歩いても弱ることはない」（同四〇31）。

・天国に入《はい》れるか入れないかは、自分の内に聖霊が宿っているかいないかで決まる。油でたとえられる聖霊の十分な準備のない者は、天国の宴席から締め出される。しかし、自分の霊の内にたっぷりと油を蓄えて、聖霊に満たされて待つ者は、突然のキリストの再臨にも慌てることなく、明かりを灯しながら、天国へ迎え入れられる（マタイ二五1～13参照）。

・聖徒の特徴の一つは、「開かれた目と開かれた耳」とを持っていることである（マタイ一三15～16参照）。肉体の目と耳によったのでは見えないもの、聞こえないものがある。聖霊は、聖徒の霊の目と霊の耳へ、その見えないものと聞こえないことを届けて、明らかにしてくださる（ヨハネ一四17、26参照）。

◆共なるキリストによって軽快に進む

・「自分の十字架を負うて、わたしに従ってきなさい」（マタイ一六24）、と主は言われる。すると十字架は重く、辛いものであるかのように受け取り、悲愴感を漂《ただよ》わせて、できることなら逃れたいと思いつつ、負っていこうとする。

しかし、イエス・キリストが私たちに負うようにと言われる十字架は、実際に負ってみると、それほど重いものでも辛いものでもない。負ったことのある者は、心から言う、「考えていたほど重くない。いや軽いといったほうが当たっている。むしろ負うことそのものに快さがある」と。

・キリストは言われる、「わたしのくびきを負うて、わたしに学びなさい。そうすれば、あなたがたの魂に休みが与えられるであろう。わたしのくびきは負いやすく、わたしの荷は軽いからである」（同一一29～30）。

なぜキリストのくびきは軽く負いやすいのであろうか。それは私たち各自の肩にぴったり合ったくびきにしてくださるからである。そして、それだけでなく、キリストが共に負ってくださるからである。さらに加えて、同時に私たちの魂に平安な休息を付与してくださるからである。

・主が共にいてくださるのに、「わたしどもがおぼれ死んでも、おかまいにならないのですか」（マルコ四38）と叫ぶところに、信じ切れていないという間違いがある。主が共にいてくださるなら、激しい風波に船が水没して死んでしまうようなことがあるはずがない。だから風波を静められたキリストから、「どうして信仰がないのか」（同四40）と叱責を受けることになる。これはガリラヤ湖上の風波のことだけを言っているのではない。私たちの生活上の世の風波についても同じことが言える。

・実存主義哲学者キルケゴールは次のように言った、「失望したければ世の中を見よ。絶望したければ自分を見よ。希望を持ちたければキリストを見よ」と。なぜなら、キリストは私たちに災いを与えようとするためにではなく、希望を与えるために来られたからである（エレミヤ二九11参照）。〔コラム63〕

◆信仰の武具で害悪に勝つ

・私たちが信じるキリスト教信仰には、次のような力が約束されている。だから、時にかなってこの力が与えられることによって、武者震いするかのように奮起させられる。

「信じる者には、このようなしるしが伴う。すなわち、彼らはわたしの名で（サタンと言われる）悪霊を追い出し、（世の知識にはない）新しい（知恵の）言葉を語り、へびをつかむ（害悪を為す者に立ち向かって、活動できないように捕縛する）であろう。また、毒を飲んでも（悪業の攻撃を受けても）、決して害を受けない。病人（災禍に苦しんでいる人）に手をおけば（助力の手を伸ばせば）、いやされる（解決して回復へと導く）」（マルコ一六17〜18)。

・食と塩を送ることによって、怨《うら》むべき敵の頭に炭火を積むことは(ローマ一二20参照)、自分の正しさを曲げないというだけのことではない。自分の正しさを貫き通した上に、さらに、敵に神の審きが下る前に、一刻も早く自分の間違いに気付かせてあげて、神からの罰を受けないように、と祈ってあげることでもある。これが「もしあなたの敵が飢えるなら、彼に食わせ、かわくなら、彼に飲ませ」(同一二20)ることである。このようにすることによって、善をもって悪に勝つことができる(同一二21参照)。

・私たちを不成功に終わらせることを喜び、成功させないようにと、あらゆる方法、あらゆる方向から攻めてくるものがある。それがサタンと言われる世の悪である。サタンの巧妙な攻撃に負けないようにするために、私たちには武具が準備されており、提供されている。その武具は、人が戦闘で使うような武

〈コラム63〉

◆解決の確信を約束に置く

人は現実を見詰める時に力を落とす。常識に立った時に落胆する。人の知恵に頼っている間は、解決を見いだせない。しかし、キリストにあって理想を追い求め、問題は解決されるとの確信と希望とをもって進む者には、神から力を与えられ、願いは成就する。

だから、問題を解決するんだと決心したキリスト者は、現実や常識の上には立たない。キリストの約束に立つ。世の中の現実や常識、あるいは自分自身に立つ者は、そこからは何も出てこない。見えてくるものは、失望や絶望を与える困難だけである。

解決の扉を開く者は誰か。それは、神の約束は必ず成就するとの信仰に身を置く者ではないか。神の約束に身を置いて、前進する者の祈りは、事件となり現実となって成就する。〔『クリスチャン人生 瞑想録』二三六頁〕

具とは異なる。なぜなら、戦う相手が生身の人間ではなく、悪霊と言われるように形のない霊だからである。悪霊に対抗し、私たちを不成功に終わらせようと悪の力をもって攻めてくるサタンに勝つための武具は、七つあって、五つが防御用、二つが攻撃用である。すなわち身を守って、サタンの攻撃を無効にする五つの防具は、

①三位一体の神に属する「真理」という、腰をしっかりと締め固めて保つ帯。
②どこから指弾されても決してたじろぐことがない、神の義で満たされた「正義」という胸当て。
③自分と神と隣人とのそれぞれの間に保たれる「平和」という福音。
④人間から出た言葉や思想から誘惑されたり、どのように苦しめられようとも決して疑わず、堅く神につく「信仰」という盾。
⑤私たちの思考と判断の中枢である頭脳を、新生・聖化・栄化という「救い」で揺ぎなく守る兜。

である。

霊なるサタンを打ち負かす強力な二つの攻撃用武器とは、次のものである。
①天地宇宙を一言で創造し、これを統率され、私たちを生かす、全知全能の神が発するところの「御言葉」という剣。
②神の力を引き出し、また生身の私たちを守り導く御霊に依り頼む「祈り」である（エペソ六10～18参照）。〔コラム64〕

◆信じて神の力をいただく

・「信じない者にならないで、信じる者になりなさい」（ヨハネ二〇27）と主イエスは言われる。なぜか？　信

じる者だけが確信を持って、力強く前進できるからである。また、神の力と導きとを得ることができるからである。「神は真実で正しいかたであるから」（Ⅰヨハネ一9）、「（神が）言ったことは必ず成ると、心に疑わないで信じるなら、そのとおりに成る」（マルコ一一23）。これを信じ、期待して、歩みを進めたい。

・その人の現在の心情や品性は、その人の目に如実に表れる。目が澄んでいれば、全身が明るくなる。だが目が濁って憂いていれば、身体も暗くなって、周囲の人々を気落ちさせる。だから、内なる光が暗くならないように、いつも澄んで輝いた目をしていたい。そのためには、内なる霊がいつも澄んでいられるように御霊《みたま》の導きを受けつつ、信仰生活を続けることである（ルカ一一34〜36参照）。

・宝が隠されている畑があることを知ったら、その人は自分の全財産をはたいても、大喜びしてその畑を買う（マタイ一三44参照）。この譬《たと》え話が示すように、信仰という精神活動の中に、「これほどの莫大な宝が隠されていたのか」と知った者は、他の何ものをも追い求めるのを止《や》めて、さらに深く堅密に信仰を探究するようになる。

〔コラム64〕

◆偉大な力によって強くなる

五つの防具（真理の帯、正義の胸当、平和の福音、信仰の盾、救いの兜）と二つの武器（神の言《ことば》の剣、御霊による祈り）とをもって、主と共に生きるならば、悪しき日にあたって、よく抵抗し、堅く立ち得る。五つの防具と二つの武器で身を固めるなら、神は常にキリスト者を祝福し、勝利に導かれる。

神を信じ従う者には、すべてに完全に勝ち抜いて、勝ち得て余りある人生が与えられる。「最後に言う。主にあって、その偉大な力によって、強くなりなさい」（エペソ六10）。これが実現する。〔『知慧に生きる』三二六頁〕

第3章 御言葉による導き

序 御言葉に従うことの難しさ

私が小学校低学年で、東京の江東区に住んでいた頃、お年玉と親からわずかにもらうお小遣いを使わずにこつこつと貯めていた。それを近所のおじさんが知って、こっそりやって来て、私にお金を貸してくれるように頼んだ。私は大事にしまっておいた中から、今に換算して一万数千円になる五百円を貸してあげた。

その後、返してくれるように何度か催促したのだが、返してくれず、そのうちに隣町へ引っ越して行ってしまった。数年後に移転先を捜し当てて、母親と一緒に行って返済を求めたところ、ふてくされ、腕枕をして横になったまま応待され、挙げ句の果、「そんな金はない。とっとと帰れ」と怒鳴られ、追い返されてしまった。

世の中には不正と忘恩というものがある。私たちはこれに耐えられるようにならなければならない。いや、聖書は、「あなたを訴えて、下着を取ろうとする者には、上着をも与えなさい。……求める者には与え、借りようとする者を断るな」(マタイ五40、42)とまで私たちに命じている。ルカ伝にも同じような戒めがあって、次のように勧めている。「返してもらうつもりで貸したとて、どれほどの手柄になろうか。罪人でも、同じだけのものを返してもらおうとして、仲間に貸すのである。しかし、あなたがたは、敵を愛し、人によくしてやり、また何も当てにしないで貸してやれ。そうすれば受ける報いは大きく、あなたがたはいと高き者の子となるであろう」(ルカ六34〜35)。

また、私がクリスチャンになる前の子どもの頃のことであったが、私の父親も常々母に言っていた、「返してもらうつもりで、人に貸すな」と。右記の事件を通して私は、御言葉に従うことは何と難しいことだろうかと感じた。

結局は返されずじまいで終わってしまったのだが、その後、天の父がいかに情《なさ》け深く、私に対していかに慈悲深くしてくださったか（同六35〜36参照）を知って、恨まずに赦すことができた。

1　戒めに従う

◆よき戒律に導かれる

・真理に根差した知恵を身に付けるための最初のスタート地点は、「主を恐れること」（箴言九10）であることは、よく知られていることである。高価で正しい知恵を修得する方法は、神を畏敬するところから始まる。全知全能にして遍在し、聖と義と愛の特性を持たれている神を畏怖し、驚嘆のうちに崇敬の念をもって近づき、自分の魂に神を深く知っていくことは、人生を最高に豊かにする知恵を得るのに等しい。

・神との結びつきがない人にとっては、十戒は「〜せねばならない」「〜せよ」と縛り付けるような不自由な戒律に思える。しかし、愛で神と結ばれている者にとっては、十戒は人生を最高に良く生きるための指針であり、恵みがやって来る祝福の導水堤である。

・他人の欠点を直してやろうとの善意の行動は、称讃されないまでも非難されるようなことではない。だが注意すべきこととして、また間違いを起こさないためにも、まず自らを省みて自分の欠点を先に直したほうがよい場合がある。たいていの場合、自分に見える他人の欠点は、実際は塵ぐらいのものなのだが、自分の欠点は棒ほどもあって、それを自分で気付いていない、ということが、往々にしてあるからである（マタイ七4参照）。

・神はこの宇宙を統率するために原理、定理、法則を配置された。同じ意図を人間に適用したものが、神の戒めとしての律法である。この律法を受け入れたくないと言って異議を唱えたり、拒絶して破ることは誰もできない。破ろうとすれば、自分が破滅に追いやられるしかない。これほどに神の戒めは人間に厳格である。

◆愛しなさいの戒めに従う

・「人々に奉仕し、神から受けた愛を人々に返す」ということは、キリスト者にとって最も基本的で重要な生き方である。これがない信仰は、主イエスが教えられた信仰ではない。主イエスは、「人がその友のために自分の命を捨てること、これよりも大きな愛はない」（ヨハネ一五13）と諭されたし、隣り人を自らのように愛すべきことを、いちばん大切な戒めの一つとして示しておられる（マタイ二二39参照）。

・口を度々《たびたび》大きく開いて多言しないほうがいい。語れば、そのほとんどが自慢話であったり、自己弁護になっている。それだけで終わればいいのだが、たいていの場合、他人の非を挙げつらうことも加わっている。神の示す基準は、「人の徳を高めるのに役立つような言葉を語って、聞いている者の益になるようにしなさい」（エペソ四29）である。これを忘れてはならない。

〔コラム65〕

◆どこまでも赦す

愛の性質の最初に挙げられている「寛容」（Ｉコリント一三4）の最大の特長は、赦すことにある。寛容はどこまでも赦す。

ペテロが主イエスに、「兄弟がわたしに対して罪を犯した場合、幾たび赦さねばなりませんか」と尋ねたことがあった。彼は、「仏の顔も三度」という言葉があるように、二度まではなんとか赦すとして、三度目は怒りだしてもいいのかと考えていた。それでもイエス・キリストは愛の人であるから、それを倍にして六度にしようか。いや、それにさらに一度加えて、完全数の「七度までですか」と尋ねた。

ペテロとしては、「さすが、ペテロだ。十二弟子のリーダーだけのことはある。申し分のない答えをした」という言葉が返ってくると期待した。ところが主イエスは、「わたしは七たびまでとは言わない。七たびを七十倍するまでにしなさい」と答えられた（マタイ一八21～35参照）。

主イエスのこの答えは、キリスト者ならば「四百九十回まで赦せ」と言われたのかというと、そうではない。それは、「限度なく赦せ。赦すことにおいて『ここまででよい』という限度はない」と言われたのである。

主イエスがキリスト者に求められる「寛容」と名付ける愛のその広さは、これほどまでに広く、大きいものである〔『愛の完全』三二～三三頁〕

◆赦しなさいの戒めに従う

・心乱されずに、常に平安に過ごす方法がある。隣人から何をされても、それを善意に解釈することである。

決して悪をもって悪に報いないことである（ローマ一二17参照）。そうすれば、怒りがこみ上げてくることもなければ、怨みを残すこともない。そして、常に心穏やかに暮らしていくことができる。

・赦すことに限度があってはならない。「仏の顔も三度まで」と言われるが、こうであってはならない。「七たびを七十倍するまで」（マタイ一八22）、すなわち無限でなければならない。これが聖書の基準である。〔コラム65〕

2　奥義を獲得する

◆境遇対処の秘訣を得る

・貧に処する道を知っており、富における道を知っている者は強い。ありとあらゆる境遇に対してどう処したらよいのかの秘訣を心得ているからである。そればかりでなく、彼が強い者であることの根本にある理由は、どんな境遇にあっても足ることを修得しているからである。さらには、神が共にいてくださって、何事でもすることができる力と富とを、彼が神によって獲得しているからである（ピリピ四11〜13参照）。

・貧賤にあって貧賤に振る舞うのは、誰にでもできる常人のすること。富貴にありて富貴に振る舞うこと、これも当然にできることであって、前者とは何ら大きく異ならない。その上位に位置する行動は、富貴にありて貧賤の如くに振る舞うこと。これは謙遜の徳を身に付けた人がすることのできる業《わざ》である。さらに上位にある態度・行動は、貧賤にありながら富貴そのものであるように振る舞えることである。これは心が高く豊かでないとできることではない。

心豊かに振る舞うことは、貧に処する道を知っており、富におる道も知っている者だけが可能とするところである。そのような人は、自分を強くしてくださる方によって、何事でもすることができる力を備えている〔ピリピ四12〜13参照〕。

◆究極の一つを持つ

・この地上において、生きていく上で必要なものは多くある。だが真に欠いてならないものは、それほど多いものではない。いや、主イエスは少ないどころか、ただ一つであるとさえ言われる〔ルカ一〇42参照〕。そのただ一つのことが何であるかというと、それは神との個人的な深い交わりである。〔コラム66〕

〔コラム66〕

◆必須の一つのこと

自己を真に高め、深めて、内面生活が充実している生活に入るには、何が必要であろうか。

人が世に生活している間は、多くのものを必要として生きている。あれも欲しい、これも欲しい、あれは自分の生活に無くてはならない。これも獲得しておこう、あれを取り揃え、これで飾り、それも増やさねば……。衣食住に始まり、知識、学力、体力といった基礎的なものから、地位、権力、名誉といった社会的な成功に至るまで、必要と思い、欲求するものが際限なく続く。

だが、これらのすべてが、必ずしも人のいのちを生かすとは限らない。それでは、それらの多くの必要とするものの中で、自分自身を生かすために、何が真に必要なものであろうか。

主イエスは言われる、「無くてならぬものは多くはない。いや、一つだけである」〔ルカ一〇42〕と。それでは、その無くてならぬただ一つのこととは、いったい何であろうか。それが神との関係である。神と自分との正しい関係が堅く結びついていることである。〔『快老をいく』五五〜五六頁〕

・この地上に生きるのに、完璧に事を成して、不足しているものは何一つないと思っても、神の国から見るならば、「爾《なんじ》なほ一《ひとつ》を虧《かく》」（ルカ一八22、明治元訳）ということがある。その一つとは何であろうか。知識、財産、誉れなど、この地上の本当に価値あるものを手に入れ、人々からの評価も非の打ちどころがなく、何事においても完全無欠であったとしても、なお不足しているものがあると、主は言われる。それは天に宝を持つことである（同節）。天に宝を積んでいなければ、天には迎え入れられない。

・世の中には、いろいろな事件や各種の出来事が起こる。それらの一つひとつの事柄に、心が乱されるようになってしまうのは、まして思い悩んでしまうのは、魂が不動のものに根差していないからである。神にも世にも二叉かけて足を置く者は、波に揺れる浮き草のように、世の諸々の事件に心乱れ、思い悩まされる（ヤコブ一６〜８参照）。このような精神の持ち主を、神は決してお喜びになることはない。

◆愛されていることを知る

・愛せる自分になりたいと願望する。だから、私を愛せる人間にしてください、と主に祈る。祈る内容に間違いはない。だが、祈る順序が間違っている。

　愛せるようになるのは結果である。その結果へ導く信仰を願い求めなければならない。信仰深い者に、愛は自ずと備わってくる。だから、弟子たちは、主イエスに、「わたしたちの信仰を増してください」（ルカ一七５）と求めた。

　神が自分をどれほど深く、長く広く愛してくださっているかを知っている信仰を持つようになれば、愛は自然と、その人の気が付かないうちに身に付いており、愛せる人間になっている。

・巷間では「天は自ら助くる者を助く」と高唱されるように、世間の常識で考えるならば、救われることは自分の努力や功績の報いとしてくるものである。また一般的に考えて、その人の業績で計られて報いは来るものであって、業績以上の報いを人から与えられることはめったにない。こう考えることは、神の深い愛と全能とを知らない者にとっては当然のことである。だから、人の行いによらず、ただ信じるだけで、人知をはるかに超えるような恵みが与えられるなどということは、全く愚かに見える。だが、愚かしくバカバカしいと考えている間は、神の豊かな富はその人に来ることはない。「神の愚かさは、人よりも賢」(Ⅰコリント一25)いことを知らねばならない。〔コラム67〕

・隣り人の少しの負債でも許してあげられるのは、自分が漠大な負債を帳消しにしてもらったことを想い起すときだけである(マタイ一八33参照)。

・絶望から希望へと変えられるためには、視点の転換が必要である。自分を見ることから神を見ることへ、目が移されることが必要である。無力な自分を見つめていては、いつまでたっても絶望のうちにいるしかない。全能の神に視点が移ったときに、希望が見えてくる。

パウロは言っている、「生きる望みをさえ失ってしまい、心のうちで死を覚悟し、(そこで、はたと気が付き、)自分自身を頼みとしないで、死人を(さえ)よみがえらせて下さる神を頼みとするに至った。(そうしたら、どうだろう。)神はこのような死の危険から、わたしたちを救い出して下さった」(Ⅱコリント一8〜10)。〔コラム68〕

〔コラム67〕

◆愚かさによる救い

「愚かさ」（Ｉコリント一21）と表現されている内容は、一般人にとっては「とても信じられない」、「理解できない、納得できない」、「世の中には通らない、ばかばかしい」ということである。

それでは何が「信じられな」くて「ばかばかしい」のか。それは、イエスによって人が救われ、幸いになり、永遠の命が与えられるということである。救いと甦りと栄化が、イエスを信じるだけで与えられるということである。

人がそれは信じられない、ばかばかしいと考えるのは、人生はそれほど単純ではなく、問題も苦難も多く、複雑だからである。信じたら解決できるほど世は甘くないと思っているからである。これほど難題の多い人生と社会にあって、イエス・キリストを信じるだけで、それらが解決されるとは、誰も思わない。

この考え方には二つの間違いがある。一つは、救いは自分の努力や功績から来ると思っている間違いである。二つ目は、神から来る救いによる幸いの大きさが、人間の業績によって得るのと同程度のものと見積もっている間違いである。根本的には、神が全能であることを知らない間違いである。

これほどの恵みは、人が一生かかって努力してみたところで、とても得られるものではない。だから人の業績によらず、「神が無代価で与えてくださる」と信じる者には与えると言われるのである。これが右記の二つの間違いへの解答である。

人が救いを愚かに見えるのは、自分が愚かなためである。愛の神の偉大さを知らず、神の賢さを見抜けない愚かさに自分があるからである。「神の愚かさは人よりも賢」（同一25）いことを、しっかり心にとめねばならない。

〔『死と神の国』二八一〜二八二頁〕

〔コラム68〕

◆絶望から希望へ

パウロが死への絶望から生への希望へ変えられた重要点が二つある（Ⅱコリント一8〜10参照）。その第一は、彼がそれまでは自分を頼みとしていたが、絶望に至ってはじめて、はたと気付き、死しかないような自分自身を頼みとしないようになったことである。その第二は、弱さの極みである自分にではなく、全能の神を頼みとするようになったことである。〔『死と神の国』一五〇頁〕

3　世に賢く対処する

◆この世に死ぬ

・自分の命を捨てた者だけが、自分のいのちを得る（マタイ一六24〜25参照）。これは常人にとっては理解しがたいところであって、神にあるところの逆説である。だが、過去の多くの人々が経験してきた真理でもある。

自分の命を捨てるとは、世間に何も期待しないことであり、世間からどんなことも求めず、世が与えてくれる有形無形のいっさいを断念することである。そして神にのみ期待し、神から与えられることを求め、すべてのことを神だけに願うことである。

・人々がなかなか信じようとせず、だから実行もしない言葉がある。「すべてを、自分さえも捨てよ。そうしたらすべてを、命さえも得ることになる」（マタイ一六24～25、六33参照）。これは実際にそうしてみると、間違いないことが分かる。

・キリストと共に十字架上で死んで葬られることが、なぜ必要なのだろうか。それは、この地上に生きながらにして、新しい命に甦るためである。甦るためには、その前に一度死ぬことが絶対条件である。死んだことのない者に復活はありえない（ローマ六３～６参照）。〔コラム69〕

・「わたしが弱い時にこそ、わたしは強い」（Ⅱコリント一二10）とのパウロの言葉は、逆説的な言い方であるが、真実である。なぜなら、「わたし（神）の力は、弱いところに（こそ）完全にあらわれる」（同一二９）からである。それゆえに、本当に強い者になりたいと願うならば、その者は心の底から自分の弱さを自覚することを最優先にすることである。「こころの貧しい人たちは、さいわいである」（マタイ五３）とは、このことを言っている。だからこそパウロは、自分の弱さを喜んで誇

〔コラム69〕

◆主と共に葬られることの幸い

キリストと共に葬られることが、なぜ恵みなのか。それは、キリストが天の父の栄光によって死人の中から甦らされたように、この甦りに私たちも共に与《あずか》ることができる者とされるからである。キリストと共に葬られることによって、新しい永遠の命が与えられる者になるからである。

もし私たちが、イエス・キリストに結びついて、彼の死の様に等しくなるならば、さらにその先のキリストの復活の様にも等しくされる（ローマ六３～５参照）。この喜びが私たちにはある。〔『死と神の国』三二―三三頁〕

った。そして神によって強い者にしていただいた。

◆遜って高められる

・現実に貧しくあることと、心を貧しくして生きることとは、全く別物である。富財によってどんなに豊かであっても、心を貧しくして生きることはできる。心が貧しいとは、神の前に自分は全く取るに足りない、無価値で罪深い者であると認めて遜《へりくだ》り、神を信頼して生きることだからである（マタイ五3参照）。

・最も豊かになる方法がある。それは最も貧しくなることである。物質的なものが与える豊かさなどは、たかが知れている。本物の豊かさは精神面にある。

自分は誇るべきものは何も持っていない。頼るべきものは何一つない。自分は塵・灰にも等しい無力な者であると、徹底的に貧しくなることである。

心が貧しくない者は、「私は、これこれの者である」と地位、権力、家柄、血筋を誇る。「私はこういうことをした」と実績や功績を誇る。「私は、こういうことができる」と知識や才能に望みを置く。そしてそれらに依り頼み、このような自分にしがみつき、このような自分から決して離れようとはしない。

心の貧しい者は、これらには何の力もないことを知っており、これらから離れ、そして畏敬する神を仰望する。すると、力と御国が与えられる（マタイ五3参照）。

豊かな者が貧しくなり、貧しい者が豊かになる。「多くの先の者はあとになり、あとの者は先になる」（マタイ一九30）。これがこの世を創られた天の父の定めである。

◆自らの高ぶりから離れる

・高ぶりのあるところに、神の恩寵がやって来ることはない。なぜなら、高慢は神を自分の心から締め出すからである。神の恵みを多く受けたいと願うならば、まず最初に、自分の高慢を取り除くことである。聖書では、次のように言っている。「神は高ぶる者をしりぞけ、へりくだる者に恵みを賜う」（Ⅰペテロ五５）。

・自分に降りかかる困難な運命に対し、その原因を他人の何かに求めたり、周囲や環境にその責任を問うている間は、本当の慰めも解決もやって来ない。たとえ周囲の人々や状況に求め得る責があったとしても、まず自分の内側を見つめるようにし、反省し、自分にとって取り去るべきものはないかに踏み込まない限り、打解の糸口は見えてこない。

たとえ自分は正しく、間違っているところが一切ないにしても、それを主張していたり、自分の力に頼ってはいないかを省みる必要がある。また、神の全能を認め、神の前に全く遜って、自らを明け渡しているか、このことを真摯に自分に問う必要がある。苦しみを受けたあの義人ヨブが、目が開かれて解決を与えられ、悟ったようにである。

・聖書での二大人物であるモーセもパウロも、初めから人の想像を超えるような働きをする人ではなかった。神と出会う経験をし、そしてこの神に全く服従するようになるまでは、無惨な敗北を次から次へと続ける人間であった。人物が変わるには、神に出会うことが絶対条件である。〔コラム70〕

◆清心で生きる

・聖書に次の御言葉がある。「目はからだのあかりである。だから、あなたの目が澄んでおれば、全身も明るいだろう」（マタイ六22）。目を見れば、その人がどの程度の心の清濁の人かが判《わか》る。悪を覆い隠そうとしても、その邪《よこしま》は目に出てくる。だが、胸中が正しければ、目も澄んで暗いところがない。清らかな純粋な心を持って、全身さえ明るい者でありたい。

・聖徒は多言を慎み、口をすべらさないように注意する。まして愚かな話やみだらな冗談は口にしない。卑しい言葉が他の人の徳を高めることはないからである。また自分の品性を落とさないためだけでなく、さらに己に神の裁きという災いを招かないためでもある（エペソ五3〜4、四29参照）。

〈コラム70〉

◆大人物への変換

「神の人」と言われるほどの大人物に最終的になって、カナンの地を一望するピスガの頂で生涯を終わらせたモーセも、初めからこのような大人物であったわけではない。神と出会い、神に服従するようになるまでは、無惨な失敗の連続であった。

エジプトの王宮で暮らしていた若きモーセは、短気を起こして殺人を犯してしまったり、イスラエルの民の仲間からうぬぼれるなと突き上げられたり、エジプト王の裁きを恐れて荒野へ逃げたりした。そして荒涼とした岩と砂漠の中で、四十年もの間、羊を相手とする粒々辛苦の生活を送った。

しかし、そんな欠点の多い人でも、神に出会い、荒野の中で神に訓練され、神の言葉に従うようになると、かつてのモーセとは考えられないほどの大人物にまで変えられた。このことは私たちにも同じようになるとの残された可能性であり、素晴らしいことである。〔『天命に立つ』一一六頁〕

・毎日を楽しく安らかに暮らすには、心にやましいと感じることが一切ないことである。道から外れたことがなければ、何一つとして隠すことも、また表面を取り繕う必要もなく、平安の内を常に歩むことができる。これは一日だけのことではない。一生涯についても言えることである。「我は全能の神なり汝《なんじ》我前《わがまえ》に行《すす》みて完全《まった》かれよ」（創世一七1、文語訳）。この御言葉は、人が幸福な人生を送るための、貴重にして根本的な戒めである。

４　信仰を力に変える

◆裁かずに安らぎを得る

・怒りから解放されて気分が楽になる方法がある。人を裁かないことである。裁いている間は、心がそのことに捕らわれていて自由がない。裁く時には、自分は正しいとの思いがあり、あの人のこのことが悪いと決めつけて、相手を拒否する分だけ、自分には平安がない。

裁かないでいると、自分が楽になるだけではない。同じ秤で自分が測り返されないという良い面がある（マタイ七2参照）。もう一つの優れた効果は、裁かずに相手を受け入れる心が開いているので、その人を愛せるようになる可能性がある。

・あの放蕩息子の譬《たとえ》の兄を見ると分かる（ルカ一五28～32参照）。隣人を批判し拒絶して、自分を正しいと評価する者は、その正しさによって、自分は正しくないということを表明している。原罪の中には、自分は正しいのだと評価する自己正当化（自己絶対化）という肉性があることを忘れてはならない。

◆信仰を行いで表す

・信仰は、救いの三つの段階である新生↓聖化↓栄化のすべてにおいて不可欠の基盤である。だが御国で祝福を受けるためには、この信仰だけではなお足りない。信仰を基とした結果としての行いが求められる。また聖霊の実として現れた品性が求められる（ガラテヤ五22～23参照）。御国で授与される報いは、信仰の結果としての行為も評価される。良い木（信仰）であるか悪い木（不信仰）であるかは、その結ぶ実で分かり（マタイ七17参照）、その報いの種類は異なっており、報いの大小多寡も決まってくる（ルカ一九

〔コラム71〕

◆行いによる入国

信仰義認を強く言い過ぎるために、信仰には行いは要らないと主張する者がいる。しかし、天国に入るには信仰だけでは足りない。御心に沿った行いが必要である。（中略）信仰義認が説く「行いの否定」は、行いを信仰のはじまりの原因としてみるのではなく、行いは信仰していった結果として出てくるものであり、信仰の始まりと基盤に「信じる」ことを置く教理である。

本当の信仰には、その信仰の結果として、正しい行いが付いてくるものである。（中略）良い実である行いのない者は、天国に入ることができない。主イエスも、天国に入るには良い行いがなされていることが重要であると、次のように言われた。「わたしにむかって『主よ、主よ』と言う者が、みな天国にはいるのではなく、ただ、天にいますわが父の御旨を行う者だけが、はいるのである」（マタイ七21）。

神の御旨を実行する者には、その言動や思念にきよさがある。神が聖だからである。聖なる神に従い、神が望まれることを行う者に、神の聖から外れるようなことはあり得ない。「きよさに至る実を結んだ者の終極は、永遠のいのちである」（ローマ六22参照）ともある。（『快老をいく』二〇四～二〇七頁）

15～23参照）。〔コラム71〕

・神の判定基準は、人の行いの量ではなく質である。もっと具体的に言うならば、業績ではなく忠実度である。どれだけ多くのことを達成し、どれだけ高い水準のことを成功させたかではなく、神が各自に賦与されたタラント（才能）を、どれだけ忠実に活かしたかである。その与えられた才能を活用して、どれだけ熱心にどれだけ誠実に取り組んだかである。〔コラム72〕

・人は自分の才能に一喜一憂する。多いだの少ないだの、高いだの低いだのと。しかし、天国へ入れるか入れないかは、才能を使っての業績や成果の多寡ではない。主から与えられた才能を活かすのに忠実であったかどうかである。問われるのは結果ではなく、神の御旨への取り組み方と姿勢である。

各自の才能は、神がその人が生まれた時に与えられたものである。だから、天賦の才能という。死後に待つ天国行きか地獄行きかは、天賦の才能に対し、多いの少ないの、別のもののほうがいいなどと量や種類に注文を付けたり文句を言う

〔コラム72〕

◆忠実度が問われる業

最後の審判の日には、その人の行った業《わざ》が問われる。業の判定の基準は、この世のものとは異なる。業の大きさではない。すなわち業の量や領域や距離などの業績ではない。神が各自に分け与えられた賜物への忠実度である。各自に与えられたそれぞれの使命と才能を、神の前にどれだけ忠実に生かして用いたかである。

私たち一人ひとりの人生において、各自「走るべき行程」（Ⅱテモテ四7）が与えられている。その行程を、他人との比較ではなく、神の前にどれだけ熱心さをもって、誠実に走り通したかである。その人の行った業への忠実度によって、最後の日の審判は裁かれる。〔『死と神の国』四三一～四三二頁〕

のではなく、自分に与えられた才能に感謝して、地上にいる間にそれを活かし切れるかどうかで決定される。一タラント分しかないと不満を言って、その才能を活用しないで眠らせておく者は、陰府《よみ》へ追いやられる結果を迎える（マタイ二五14〜30参照）。

・聖書で言う隣人とは、近所に住むお隣りさんのことではない。道端に倒れている人を介抱し、宿へ連れて行って、宿代まで支払ってあげる人である。「隣人」で重要なことは、隣人と認識することではなく、隣人として実行することである。あの「良きサマリヤ人」の譬《たとえ》の、律法学者のようにではなく、サマリヤ人のようにである（ルカ一〇29〜37参照）。

◆待つことによって祝福を得る

・神は偉大であるがゆえに、その時計はゆっくりと進む。せわしない人にとっては、「神は何をしているのだ」と待ち切れず、不信さえ抱くほどに、長くゆっくりとである。人には遅く見えても、神のご計画は決して違《たが》うことなく確実に進む。だから急《せ》く人に神は言われる、「もしおそければ待っておれ。それは必ず臨む。滞りはしない」（ハバクク二3）と。

それほどに主が私たちを待たせられるには理由がある。約束を成就する前に、もっと先にすべきことがある。その人にそれを成就してあげてそれに耐えるだけの品格が備わっているだろうか。不足していれば、その人を整える必要があるからである。

・約束の成就を待ち望んで、長らく待ちに待った。それでも現状を見ると、とても成就されるような兆候は全くなく、そんな状況の気配さえない。もうここいら辺で自分で何か手を打ったほうがいいのだろうか。答えは、「それでも祈って待て。下手に人間的な策を講じてはならない」である。そのことはアブラハムの生涯が教えている。彼は待ち切れずに、人間的な知恵を入れて行動してしまった。そのために、イサクを与えられるはずが、イシマエルを得てしまった。

自分への神の約束が成就するのは、自分が生きている生涯の中でとは限らない。後の子孫の時になってからかもしれない。私たちに約束されたことが成就する「神の時」というのは、こういうものである。〔コラム73〕

・誰もが納得し、そうあってほしいと望むことがある。それは、才能と徳性に恵まれた人が富貴を手に入れ、怠惰で邪悪な者が貧賤に陥ることである。だが現実を見ると、そうとも言えない。その逆の場合があることさえ実態である。

〔コラム73〕

◆望み得ないのになお望む

私たちは、明日に希望があるから生きていける。私たちの人生は、その希望を持ち、長年にわたっていつか必ず成就されるだろうと待ち望んできたが、なお成就されない事柄がある。諦めるべきなのだろうか。なお待つべきか。忍耐して待って、成就する可能性はあるのか。環境、条件、年齢、能力から見て、自分にはどう見ても、この後いくら待ち望んでも、成就される可能性は全くない。それでも待つべきなのだろうか。人間的に見るならば、それが自分の上に成就する可能性はゼロに等しい。それでも、信じて待つべきなのか。それとも自分で判断して、自分なりの手を打ち、行動すべきなのか。

このような状況にあったとしても、それでもなお、「望み得ないのに、なおも望みつつ信じ」（ローマ四18）るべきことを、アブラハムの物語を通して、聖書は教えている。〔『天命に立つ』九一～九二頁〕

そうであるから、現在自分が貧賤に甘じなければならず、富貴を手にしていないからといって、自分には才能がなかったり、正しい生き方をしていない、など思う必要はない。人生で展開される原則に変わりはないし、神が人を取り扱われる大道は、次の原則である。「悪しき者の……座にすわらぬ人はさいわいである。……時が来ると実を結び、その葉もしぼまないように、そのなすところは皆栄える」（詩篇一1、3）。これである。キリスト者はこのことをすでに体験して確認している。

5　信仰深化を進める

◆神を信頼して進む

・神が自分に約束してくださったことが、現状を見るとすべて不可能に見え、むしろどうしてそんなふうになるのか不可解であると思える状況に追い込まれる場合がある。それでも私たちが主の前に採るべき態度は、「神は究極的には秩序を保ち、善意と目的とをもって導いてくださる」と信じ、最後まで自分を神に従わせることである。その結果は信じたとおりになるものである（ヨブ一三15参照）。〔コラム74〕

・人はともすると、献げるものの量や価値によって、神に受け入れられたり祝福される多少が決まると考えやすい。しかし、愛なる神の基準は異なる。羊を献げることができないのなら、鳩でもよいのである（レビ一二8参照）。神は全地のすべてを、ご自分のものとして持っておられる。神には有り余るほどの所有があって、神にとって不足するものなど何もない。神が私たちに求められるものは、神へ向けられる真摯な心である。「人は外形を見るが、神は心を見られる」とある（サムエル上一六7参照）。あのレプタ二つを献げたやもめは、同じ場所にいてたくさんのものを献げた金持ちよりも主イエスから称讃されたことを忘れてはならない（マルコ一二41〜44参照）。

・自分が歩む人生の道は、よくよく心を落ち着かせ、目を見開いて、厳しく選ばなければならない。なぜならば、「人が見て自分で正しいとする道があり、その終りはついに死にいたる道となるものがある」（箴言一六25）からである。〔コラム75〕

・人は何のために生きるのか。生きる目的は何か。この難解な疑問に聖書は明確に答えている。それは「神の栄光のため」（Ⅰコリント一〇31）であると。これは単純簡明な答えであるが、真実であり、これ以上の答えは人間には与えられていな

〔コラム74〕

◆最後の望みと存在場所

神に見捨てられたと思わせられる悲惨の中に放置されたヨブは、友から、そして自分自身からも、生か死かの二者択一を迫られた。

そのような状況の中にあってヨブは、死のうと生きようと命の根源は神にあり、この神との関係を固守するところに救いがあると、光を見いだして次のように言った。「わたしは知る、わたしをあがなう者（神）は生きておられる、（再臨のある）後の日に彼（メシヤ）は必ず地の上に立たれる。わたしの皮がこのように（でき物で覆われ、腐って崩れていき）滅ぼされたのち、わたし（の魂）は肉を離れて神を見るであろう。しかも（わたしを退ける者としてではなく）わたしの味方として見るであろう。わたしの見る者はこれ以外のものではない。（だから）わたしの心はこれを望んでこがれる」（ヨブ一九25〜27）。

このようにヨブが告白したように、死のうと生きようと、わたしたちの最後の望みと存在場所は、命の根源である神にある。〔『死と神の国』一五一頁〕

い。〔コラム76〕

◆神を畏れて天国に入る

・戒めを守っていれば天国へ入れるかと言うと、そうはいかない。律法を遵守する行動の上に、神を畏敬し、神をすべてに勝って第一に愛することが、それに加わっていなければ入れない。だからこそ主イエスは、次のように言われた。「あなたがたの義が律法学者やパリサイ人の義にまさっていなければ、決して天国に、はいることはできない」（マタイ五20）。〔コラム77〕

〔コラム75〕

◆豊かな命の道の選択

　人は自分の人生の歩む道を厳選せねばならない。箴言一六章25節が言っていることは、こういうことである。すなわち「人は考え、見定めて、自分の生涯を歩んで行くのに、この道が最も良いと選択し、決定して歩んで行く道がある。ところがその道を歩んで行くと、自分では正しいと思って進んできたのに、なんと自分を死という滅亡へ追いやることになる、そのような道がある」ということである。

　それだから、歩み始める前に、自分を死に追いやるような道を選択するのではなく、命へ、それも豊かな永遠の命へ導く道を歩むように、細心の注意を払って選ぶ必要がある。〔『死と神の国』一二三頁〕

・この世で最も恐れなければならないことは何か。それを主イエスは教えられた。「殺したあとで、更に地獄に投げ込む権威のあるかたを恐れなさい」（ルカ一二5）と。

　この世を渡っていくときに、決して人を恐れてはならない。右顧左眄《うこさべん》して人を恐れていると、必ず罠《わな》に陥るようになって、最後には墓穴に入り込んでしまい、抜き差しならなくなる。恐れることなく、心を常に平静にして活動していくための基盤となるものは、主に信頼して従っていくことである（箴言二九25参照）。

〔コラム78〕

・人生の成功であり、これ以上ない幸福である天国に入ること、これにはたった一つの条件がある。純粋な信仰である。

主イエスは、天国である神の国に入るための条件として、次のように言われた。「よく聞いておくがよい。だれでも幼な子のように神の国を受けいれる者でなければ、そこにはいることは決してできない」（マルコ一〇15）。

疑ったり、屁理屈をつけたり、報酬として受け取ろうとするような信仰では、神の国に入れない。天国へは迎え入れられない。幼な子がそうす

〔コラム76〕

◆何のために生きるのか

私たちの生きる目的は何か。（中略）人々はともすると自分の栄誉のためとか、自分や家族の幸福のために生きようとする。しかし、人から得られるものなど、たかが知れたもので小さい。地位はいずれ崩れるし、名誉も余程のものであっても教科書に残る程度であって、間もなく人々の記憶からは忘れ去られる。どんなに財を成し、金銭を積んだとしても、金で幸いないのちを買えるわけではない。それよりも、どんな富財であっても、一円たりともかの世に持って行くことはできない。残した財産は他の人が消費するのが常である。

これに比べて、この地上で神の栄光を現した者に、神が与えてくださる報賞は、比較にならないほど、大きく価値がある。永遠の命とか、天国の永住権であるとか、神がお持ちの知恵などである。

キリスト者が生きるのは、決して自分のためではない。天の父が崇められるように、自分の生涯によって神の栄光を現すためである。（中略）「だから（この地上に生きている間に、生きる目的としてすべきことは）、飲むにも食べるにも、また何事をするにも、すべて神の栄光のためにすべきである」（Ⅰコリント一〇31）とある。（『クリスチャン人生　瞑想録』三五～三六頁）

るように、神が言われたことと主イエスが約束してくださったことを、単純に、純粋に、素直に信じて受け入れるような信仰の持ち主でないと、神の国へは入れてもらえない。

◆神の言葉に従順に従う

・エリコの落城（ヨシュア六1〜21参照）を、自分の信仰生活に当てはめてみたい。

これほど不合理な命令があるだろうか。すなわち、要塞の町を攻め落とすのに、武器や破壊具をもってするのではなく、防衛城壁の周りを、隊列を組んで無言でただ七回も回るだけとは。これほど忍耐を必要とすることがあるだろうか。無意味と思われるような行動を、何日も繰り返し続けなければならないとは。神のご命令は、武器を用いて攻めるのではなく、祈りと賛美とをもって町の周囲を毎日回ることであった。ここに求められることは、必ず成ると信じる信仰と、言われたとおりに従って行動する服従だけである。

一日たっても、二日たっても、三日たっても、何の変

〈コラム77〉

◆正しい行いによる入国

天国に入るには、精神においても態度においても、正しくなければならない。神に認められた正しさである義でなければならない。（中略）私たちが天国に入るには、律法学者やパリサイ人以上に正しくなければならないと、主イエスは言われた（マタイ五20参照）。

主イエスが言われた内容はこうである。「この律法学者やパリサイ人に、あなたがたが神を愛することにおいて勝っており、その結果として、あなたがたの品性や行動が優れているのでなければ、天国へ入ることは決してできない。すなわち、律法を守って罪を犯さないことは勿論《もちろん》のこと、その上になお、神を畏敬し神を愛することにおいて、彼らを上回っているのでなければ、天国へ入ることはできない」。〈『死と神の国』二〇〇頁〉

化もない。それでも、最後の七日目には城壁は崩れ、従うヨシュア軍は勝利した。勝利する信仰とは、こういうものである。

・少年サムエルに主が語りかけたように、その人への神の召命は、何度でもそれと気付くまで発せられる（サムエル上三３参照）。しかも次第に熱を帯びてくる。その時の私たちの応答は、「しもべは聞きます。お話しください」（同三10）であることは当然である。

もしも、声掛けられたその言葉や召命に自分では確信が持てない場合には、サムエルがそうしたように、敬虔な先輩に相談し助言を求め、御心を確かめるのもよい（同三９参照）。

・モーセは、神から「命じなさい」と言われたにもかかわらず（民数二〇８参照）、以前が「杖で打つ」ことであったので（出エジプト一七６参照）、今回も、聞き分けのない民衆への腹立

〔コラム78〕

◆人を恐れることなく神を畏れる

エリヤが畏れたのは、人ではなく神であった。私たちがもし神の御言葉に従わない自分であったら、神に忠実ではない。そのような自分になることを、エリヤは最も恐れた。神は箴言に記して言われる、「人を恐れると、わなに陥る、主に信頼する者は安らかである」（箴言二九25）。

神に忠実でなくなる自分を恐れ、神のみを自らの主とし、皇帝や将軍を王としないために殉教していったキリスト者は、歴史上で数多くいる。バプテスマのヨハネも、ヘロデ王に向かって、「自分の兄弟ピリポの妻ヘロデヤを横取りして、自分の妻にするのは良くない」と諫言したために牢獄にぶち込まれ、最後は斬首された（マタイ一四４～５、10参照）。このように人を恐れず、神のみを畏れて生きるということは、命懸けである。

エリヤもヨハネも、神を第一に愛する者であろうとして、かけがえのない命を懸けた。〔『天命に立つ』三七四～三七五頁〕

ちまぎれに、同じように岩を打ってしまった（民数二〇11参照）。それが原因して、彼は乳と蜜の流れる約束の地を目前にしながら、そこへ入れなかった（同二〇12、申命三四4〜5参照）。このようにモーセのような偉人と評されるような人でも、ちょっとした苛立《いらだ》ちが神を見失わせ、神の御言葉どおりに行わなかったことが、自らの命取りになってしまうことがある。凡人の私たちには、このように御言葉を聞き間違わないように気を付けよ、と訓戒されている。

6 神の道を進む

◆悪業で不幸を刈り取らない

・悪業によって裕福になった者の最大の不幸は、もっと大きく富んだ幸いがあることを見えなくされて、それを得ることができなくされることである。さらに不幸なことは、最後の審判でゲヘナ（地獄）へ落とされることを知らないことである。〔コラム79〕

・「今の行い、今日の行為が将来につながる」、これはこの世の定めである。そうでなければやり得ということになってしまう。不正をしてでも自分の所有にした者の勝ちになってしまう。神は、この世においてもかの世においても、御心に適《かな》う者に祝福を与え、御旨に反する者に処罰を与えることを定められた。今日《きょう》の行いが明日《あす》につながり、今の行為が死後を決定するように、世を造られた。

・「正しい者のこうべには祝福があり、……悪しき者の名は朽ちる」（箴言一〇6～7）。この御言葉は私たちを慰めてくれる。世において、正しい者に苦難が多く、悪しき者が栄える、これをしばしば目にする。だが、神の目は節穴ではない。神の目は欺《あざむ》かれることがない。その証拠に、悪名高き者の名が人々の記憶に長く残ったことはなく、正しい者が称えられないまま巷間から消え去ることもない。しかし最後には、「主はその民をさばかれる」（ヘブル一〇30）。これがすべての人に定まっている（ヘブル九27参照）。

・私たちは、あまり深く考えずに公的生活も私的生活も送っている場合が多い。しかし、個人の私的生活の姿勢が、公的生活や仕事に影響して、失敗に終わ

〔コラム79〕

◆成功する悪者の不幸

悪しき者が成功することは、成功そのものが罰である。彼らはその成功によって、人生にはもっと勝れた喜びのある幸いを見つけ出せなくなるからである。彼らは、その成功によって自分は幸運者だと誤解するが、彼らほど不幸な者はいない。悪業でこの世を渡ってきて成功した者の最大の不幸は、彼らが生涯を終わって死ぬ時に、「私の人生は充実した満たされた生涯であった」と、決して言えないことである。それよりも何よりも、彼らには神による最後の審判が待っていて、永遠の地獄である第二の死が、大きな口を開けて待ち構えていることである。彼らはこれを知らず、この世でうつつを抜かしている。

人の生涯の上にある神の配慮と導きを知った者は、正しいことをする自分が苦しむことに、かえって次のように感謝する。「苦しみにあったことは、わたしに良い事です。これによってわたしはあなたのおきてを学ぶことができました」（詩篇一一九71）。「わたしは苦しまない前には迷いました。しかし今はみ言葉を守ります」（同一一九67）。（『クリスチャン人生　瞑想録』二四七～二四八頁）

らせることがあることに心を向けねばならない。ダビデ王が（私的な）バテシバへの姦淫によって、王国繁栄の後に（公的に）息子たちに事件を起こされたり、反逆されて統治能力を失うなどが、その例を示している。

◆不正の富で滅びに至らない

・世的成功が万事の尺度であるかのように勘違いしてはならない。神の前にあっては、その成功は必ずしも成功ではない。滅びと隣り同士であったり、滅亡へ向かう入口であったりする。世には「結果よければ全てよし」と評価して、そこに至る経過の良し悪しを問わない人々がいる。しかし、神はそれを決して許さない。神の前にあっては、目的は決してその手段を正当化されない。

・偽りの舌をもって富財を獲得するのは、吹き払われる煙に似ている。得た時にはたくさんあるように見え、心に強い刺激を与えるが、ちょっとした風が吹いて来ただけで、跡形もなく消え去ってしまって、後に何も残らない（箴言二一6参照）。

・労働の間にしばしの休息を採ることは必要である。だが、長期にわたる安楽は避けたほうがよい。「小人閑居して不善をなす」ものである。これは特に自制力のない者に当てはまる。たとえばダビデがバテシバへしたように、情欲の魔物が一瞬にして入ってくると、それが一生の不覚へと落とし込む。

・十二弟子の一人であるイスカリオテのユダが、イエスを銀貨三十枚で売り、最後には首を吊って自殺してしまった（マタイ二六15、二七5参照）。これは何を意味するのであろうか。私たちは誰でも、聖徒であろうと欲したとしても、それ以上に貪欲が勝れば、自分自身を破滅に陥らせることになる。

◆細い道を行って幸いを得る

・人の知恵には明日を保証するだけの力はない。繁栄を続けるためには際限なく努力し続けねばならない。これでは労苦が多いだけであり、どこかでギブ・アップしてしまう。ところが繁栄と幸福を一生にわたって楽しく続けることができる道がある。狭い門、細い道を行くことである（マタイ七13〜14参照）。

・人生には、命に至る道もあれば、滅びに至る道もある。多くの人は命に至る道を通ろうとしない。その門は狭く、行くには細いからである。だから広くて太いほうの道を行く。だがその結果、滅びを刈り取ることになる（マタイ七13〜14）。

その道が狭くて細いのは、世にないほど高貴で希少だからである。広くて太いのは、すぐにも安易に手に入れることができるからである。狭い門をくぐり抜け、細い道をただひたすらに行く者だけが、得ることが難しい高貴なものを自分の手にしっかりと摑《つか》み取ることができる。〔コラム80〕

・主は言われる、「狭い門から入りなさい。広い門は入りやすく、多くの人々が通っていくが、その先には滅びがある。細い道を行きなさい。広い道は通りやすく、多くの人々が進んでいくが、その先に命はない」（マタイ七13〜14参照）。

主イエスが示される狭い門も細い道も、確かに狭く細い。誰も通ろうとはせず、苦難困難も多い。それは

〔コラム80〕

◆二通りの生き方

主イエスの言葉を聞きたいと、パレスチナの近くから遠くから、おびただしい群衆がイエスの許《もと》に集まってきていた。その群衆に向かって、主イエスは「狭い門からはいれ。滅びに至る門は大きく……」（マタイ七13）と語られた。

人生にはさまざまな生き方がある。主義主張を掲げて闘い進む生き方がある。こういう人が歴史を形作ってきたのかも知れない。愛のために敢《あ》えて自ら進んで自分の自由と権利を放棄して、献身して従う生き方がある。こういう人がいるから、病む人、小さい者が安らかに生きてこられたのかもしれない。希望と目標を定め、日夜努力と研鑽、創意と工夫とによって社会に業績を残す生き方がある。こういう人々によって社会は豊かになり、経済活動が支えられてきたと言ってよい。深い思索と瞑想によって真・善・美の世界へ分け入り、それを人々の前に明らかにする生き方がある。このような人々によって人類の文明は高められてきた。

これらの生き方のいずれも、人類に貢献するものであって、非難されるべきものは一つもない。しかし、どんな生き方であれ、その基盤になるものとして、二つの生き方があることを、主イエスは示された。すなわち、それが狭い門から入る生き方と、広い門から入る生き方である。人はこの二つの生き方のどちらかで生きることになる。〔『知慧に生きる』四八～四九頁〕

次のようなものである。右の頬を打たれたら、「それで気が済みましたか。何ならもう一方も」と左を向ける。迫害されたなら、その迫害のために罰を受けないようにと、迫害してくる人のために祈ってあげ、愛する。情欲をいだいて女を見たなら、五体満足のままで地獄へ行かないようにと、その眼を抜き出して捨てる。神と富とに兼ね仕えることができないので、財産を貧しい人々に施してでも、主イエスに従う。自分に罪を犯す者に対しては、七の七十倍まで赦す。これらのどれをとっても、大変に細く、狭い。

そうではあっても、実際にこの狭くて細い門と道を通った者だけが、実感して言葉に出す事がある。主イエスが「あなたにかつて命じたけれど、ここへ来るまでに何か困ったことがあったか」と問われる。すると、彼は答えて言う、「いいえ、何もありませんでした。むしろ楽しい道でした」と（ルカ二二35参照）。

あとがき

私たちが幸いであるための最低条件があります。一つは、現在において苦悩や患難から解放されていることです。もう一つは、未来に対して夢や希望を持っていることです。最低条件とは言うものの、この二つを確保しておくことは、一般的に困難であるというのが人生というものでしょう。私たちは、この困難を古来から言い伝えられてきた知恵によって、取り除いたり獲得することによって、幸福と成功を自分のものにしてきました。

私が本書において、人生の幸福と成功を自分のものにするための真髄として主張したことは、端的に言えば、①神の愛を知り続けること、そして②神と堅く結び付いた生活を送るということです。これはキリスト教信仰において可能とされることです。

信仰は、人生の幸いを得るための手段でも目的でもありません。人生の幸いは、神の前に真摯に生き続ける者へ、その信仰に添えて、神から与えられる結果です（マタイ六33参照）。さらに重要なこととして、主の弟子として敬虔に生きる、信仰生活の根本的目標は何でありましょうか。それは自分の生涯を使って、神の栄光を現しつつ「神の像《かたち》」（創世一27参照）に戻ることである、と言ってよいでしょう。神の導きと恵みを受けつつ、神の像《かたち》としての本来の人間の姿に帰り着くことです。この生活を続ける者に、人生の充実した幸いは、神から自ずと添えて与えられることに間違いありません。以上のことを基本的中心において、本書を書き著しました。

本書編集・出版に当たっては、今回もいのちのことば社の皆様に御労を取っていただきました。章ごとの初めに、証詞的エピソードを入れるとか、参照文をコラムとして明示するなどは、既刊書『幸福と成功の秘訣』シリーズの形式を踏襲しました。編集担当の山口暁生氏には、今回も多くの指導的助言をいただきました。名前を挙げられませんが、その他多くの方々のご協力を得ることによって、本書が巷間に出ることができました。心よりお礼申し上げます。

本書に目を通してくださった読者の皆様に感謝申し上げます。不適切な記述などがありましたならば、ご指摘、ご叱声いただければ幸いです。皆様の上に、主からの豊かな祝福がありますよう、お祈り申し上げます。

二〇二四年十一月　久喜の自宅書斎にて

中島總一郎

《著者略歴》

1943 年　東京都江東区に生まれる
65 年　日本ホーリネス教団立川教会で洗礼を受ける
66 年　芝浦工業大学　電子工学科卒業
（株）芝浦電子製作所　入社
78 年　一級生産士取得
83 ～ 84 年　日本ホーリネス教団　上野教会責任役員
84 ～ 85 年　JIS 電子回路部品用語専門委員
久喜キリスト教会開拓委員会　委員長
95 ～ 96 年　電子材料国際整合化委員
IEC（電気電子世界標準規格）60539
サーミスタ規格の改正日本提案代表（独・ドレスデン）
96 ～ 97 年　（株）岩手芝浦電子　代表取締役社長
97 ～ 98 年　（株）上海芝浦電子　總経理（取締役社長）
99 年　ISO9001 品質システム審査員補資格取得
2006 年　お茶の水聖書学院　聖書本科卒業
08 ～ 11 年　日本ホーリネス教団　信徒代議員
06 ～ 14 年　お茶の水聖書学院　講師、評議員、参与、理事
08 ～ 14 年　イーグレープ聖書人生塾　講師
10 ～ 17 年　お茶の水聖書学院　研究コース　コーディネータ
11 年～　日本ホーリネス教団　上野教会員
15 ～ 24 年　いのちのことば社　常任監事、理事

《著書》

『天命に立つ　～聖書の知慧に学ぶ』（日本ホーリネス教団　久喜キリスト教会　宣教出版委員会）
『知慧に生きる　～救い完成と苦難克服』
『聖潔の探究　～ホーリネス到達と信仰完成』
『愛の完全　～神的愛と結婚愛』（以上、日本ホーリネス教団　出版局）
『満たされた生涯　～幼年・青年から壮士・快老へ』（日本ホーリネス教団　東宣社）
『死と神の国　～人生の最終到達目標』
『クリスチャン人生　瞑想録　～祝福生涯の秘訣』
『快老をいく　～御国を目指して　付：死への備え』
『図解　キリスト教信仰の基礎知識』
『図解　聖書理解の基本』
『聖書と一般が示す 生と死　～より良く生きてより良く死ぬために』（以上、イーグレープ）
『幸福と成功の秘訣Ⅰ　～聖書が教えるリーダーの心得《指導者・企業トップ・経営編》』
『幸福と成功の秘訣Ⅱ　～聖書が教える人生の極意《生き方編》』
『幸福と成功の秘訣Ⅲ　～聖書が教える人物確立の道《品格修養・充実人生編》』
『幸福と成功の秘訣Ⅳ　～聖書が教える生活への指針《仕事・実生活編》』
『聖書教養エッセー１　そうか、なるほど《福音書、パウロ書簡前半編》』
『聖書教養エッセー２　そうか、なるほどⅡ《旧約、パウロ書簡後半編》』
『聖書教養エッセー３　そうか、なるほどⅢ《ヘブル書、ヤコブ書編》』
『聖書教養エッセー４　そうか、なるほどⅣ《ペテロ・ヨハネ・ユダ書簡編》』
『聖書教養エッセー５　そうか、なるほどⅤ《黙示録編》』（以上、いのちのことば社）
共著『やさしいセンサー技術』（工業調査会）

引用聖句は一般財団法人日本聖書協会発行　口語訳を使用

キリスト道の精髄 I 《生き方・聖書知恵編》

2025年2月20日　発行

著　者　中島 總一郎

〒346-0032　埼玉県久喜市久喜新 1187-20
TEL・FAX　0480-22-9529

印刷製本　日本ハイコム株式会社

発　売　いのちのことば社

〒164-0001 東京都中野区中野2-1-5
電話 03-5341-6924（編集）
03-5341-6920（営業）
FAX 03-5341-6921
e-mail:support@wlpm.or.jp
http://www.wlpm.or.jp/

新刊情報はこちら

© 中島總一郎　2025　Printed in Japan
乱丁落丁はお取り替えします
ISBN 978-4-264-04549-6

中島總一郎の本

幸福と成功の秘訣　A５判各 224 ～ 368 頁

Ⅰ　聖書が教えるリーダーの心得《指導者・企業トップ・経営編》2420円

Ⅱ　聖書が教える人生の極意《生き方編》1980円

Ⅲ　聖書が教える人物確立の道《品格修養・充実人生編》2200円

Ⅳ　聖書が教える生活の指針《仕事・実生活編》2420円

聖書教養エッセー　B６判各 192 ～ 304 頁

1 そうか、なるほど《福音書、パウロ書簡前半編》1540円

2 そうか、なるほどⅡ《旧約、パウロ書簡後半編》1760円

3 そうか、なるほどⅢ《ヘブル書、ヤコブ書編》1980円

4 そうか、なるほどⅣ《ペテロ・ヨハネ・ユダ書簡編》1870円

5 そうか、なるほどⅤ《黙示録編》2420円

価格はすべて 2025 年 1 月現在の税込定価（税 10%）です